W0196296

Clemens Pickel

Ein Deutscher – Bischof in Russland

Clemens Pickel

Ein Deutscher –
Bischof in Russland

Einblicke und Ausblicke

benno

Bibliografische Information der Deutschen Bibliothek
Die Deutsche Bibliothek verzeichnet diese Publikation
in der Deutschen Nationalbibliografie;
detaillierte bibliografische Daten sind im Internet über
http://dnb.ddb.de abrufbar.

Besuchen Sie uns im Internet unter:
www.st-benno.de

ISBN 978-3-7462-2664-4

© St. Benno-Verlag GmbH
Stammerstr. 11, 04159 Leipzig
Umschlaggestaltung: Ulrike Vetter, Leipzig,
unter Verwendung eines Fotos von Clemens Pickel und einer Landkarte
von © Westermann, Braunschweig
Gesamtherstellung: Kontext, Lemsel (A)

INHALTSVERZEICHNIS

EIN WORT ZUVOR

Obwohl ich schon 1990 von Bischof Joachim Reinelt in Dresden „für die Seelsorge in der Sowjetunion freigestellt" wurde und inzwischen seit mehr als 18 Jahren dort lebe, ahne ich auch heute noch manchmal, dass ich die Mentalität der Menschen in Russland nicht bis ins Letzte verstehe. Dass ich in der DDR aufgewachsen bin, erwies sich beim Hineindenken in meine neue Umgebung zwar häufig als Vorteil, jedoch war das gigantische Projekt des sogenannten „neuen Menschen" im Lande Lenins wesentlich weiter fortgeschritten. Nur: fortgeschritten wohin? Dem „homo sovieticus" kann man hier und da bis zum heutigen Tag ebenso auf offener Straße wie auch in geschlossenen Büros begegnen. Studenten an Universitäten wird auch heute nicht selten diktiert, was aufzuschreiben ist. Wer etwas zu sagen hat, sagt nicht, was er denkt, sondern was er zu sagen hat. Eine traurige menschliche Erfahrung auf verschiedensten Ebenen lehrt, dass es klüger ist, erst einmal davon auszugehen, dass man belogen wird. Ein Verkehrspolizist ließ mich kürzlich ins Röhrchen pusten, weil ich frühmorgens lächelte. Eine ältere Frau, die 30 km vor der nächsten Stadt am Straßenrand stand, stieg nicht ein, als ich ihr antwortete, ich nähme nichts dafür.
Gleichzeitig gibt es unter den Menschen dort, wo ich lebe, eine natürliche Einfachheit, die bezaubert: Kinder sind noch Kinder, besonders in ländlichen Gegenden. Jugendliche und Erwachsene hören einem ohne Ende zu. (Als ich mich einmal am Ende einer Predigt entschuldigte, dass ich ein biss-

chen zu lang gesprochen hatte, baten die Leute: „Nein, sprechen Sie doch weiter!") Man spürt eine große Sehnsucht
nach elterlicher Liebe, auch bei denen, die sie eigentlich
schon selbst weitergeben sollten.

Liebe Leserinnen und Leser, ich scheine zu vergessen, dass
dies hier nur ein Vorwort werden soll. Es soll Ihnen helfen,
das Folgende richtig einzuordnen. Nein, lieber wäre mir
noch, wenn Sie es nicht einordnen, ich meine, in Denk-
schubladen, die nach Sammelbegriffen sortiert sind. Lesen
Sie mit weit offenem Herzen! Ich habe in die Veröffent-
lichung dieser sehr einfachen Aufzeichnungen eingewilligt,
weil wir in Russland auch heute jene offenen Herzen brauchen.

Manche von Ihnen sagen: „Ich war schon in Moskau." –
„Moskau ist nicht Russland", heißt es bei uns. Und sicher
gibt es andere Erfahrungen, die den meinen widersprechen,
die sie jedoch nicht widerlegen können, denn es sind meine
konkreten, persönlichen Erfahrungen und Erlebnisse, von
denen die folgenden Seiten sprechen. Da, wo ich lebe, ist
Provinz, auch wenn fünf Millionenstädte ins Bistum gehören
und die Fläche des Bistums „St. Clemens" den Ausmaßen
von Portugal, Spanien, Frankreich und Deutschland gemeinsam entspricht.

Und noch etwas möchte ich vorab sagen: Ich bin katholischer Priester. Dass ich seit 10 Jahren Bischof bin, verbietet
mir nicht, Seelsorger zu sein, im Gegenteil. Seelsorge gehört
zum Sinn meines Lebens. Sie ist ein Dienst, der mit dem
Innersten der Menschen zu tun hat. Gerade dort, in diesem
verborgenen Bereich, durfte und darf ich immer wieder
Erfahrungen machen, die mich mit der Nase darauf stoßen,
wie nahe Gott bei all dem ist, was wir Alltag nennen. Mögen
die Texte, die nicht selten von sozialen Nöten berichten,

nicht über das noch Wesentlichere im Leben hinwegtäuschen.

Zuletzt noch eine kleine Verständnishilfe für den Anfang: „Freigestellt für die Seelsorge in der Sowjetunion" hieß im Klartext, dass ich, nach zwei Kaplansjahren in Kamenz (Sachsen), seit 1. August 1990 Kaplan in Duschanbe, der Hauptstadt der Tadschikischen Sowjetrepublik war. Zur Pfarrgemeinde St. Joseph in Duschanbe gehörten auch Kurgan Tjube, 90 km südlich der Hauptstadt, und das unweit der afghanischen Grenze gelegene Wachsch. Mitte Juni 1991 verließ ich meine Wahlheimat, nicht auf eigenen Wunsch hin, und siedelte an die mittlere Wolga über. Warum, davon später.

Möge Ihnen dieses Büchlein helfen, von Neuem über den Alltagshorizont hinauszuschauen, – ja, ein wenig eigennützig meine ich schon, auf den Alltag der Menschen, unter denen ich lebe, – aber im Grunde geht mein Wunsch viel weiter, nämlich auf den, der uns längst zu Brüdern und Schwestern gemacht hat.

Eben in diesem Zusammenhang danke ich allen, die an der Herausgabe beteiligt waren. Stammten doch weder Idee noch die nötigen Mittel von mir ...

Saratow, im Advent 2008

Bischof Clemens Pickel

Erstes Kapitel

1990/1991

ERSTE SCHRITTE IN TADSCHIKISTAN

> „Diese Menschen haben
> es verdient, dass jemand
> mit ihnen den Weg zu Gott
> sucht und geht."

Kurgan Tjube, 2. August 1990

Ich bin gut in Duschanbe gelandet und habe mein Zimmer bezogen. Die Uhrzeit ist in Tadschikistan neu geregelt: Hier ist es nur noch vier Stunden später als in Mitteleuropa.
Hl. Messe ist dienstags bis samstags 18.00 Uhr, sonntags 10.00 Uhr, 15.00 Uhr, 19.00 Uhr. Montags 18.30 Uhr in Kurgan Tjube und auch Dienstag 8.00 Uhr dort.
Nächste Woche fährt Pater Hieronymus für ein paar Tage weg. Den ganzen September bin ich dann allein hier. Da merke ich wenigstens, dass ich nicht umsonst gekommen bin. Genug Leute sind ja da, die mich beraten und beim Übersetzen helfen.
Aus meinem Fenster im 1. Stock schaue ich in den Hof der Kirche, der seinen Schatten von einem dicken blauen Weintraubendach bekommt.

Die Temperaturen sind nicht mehr so heiß wie im Juli, heute nur 35 °C, also auszuhalten.

Neulich waren zwei Beauftragte der Deutschen Bischofskonferenz hier. Vielleicht wird doch alles bald etwas organisierter, und die Priester bekommen einen Administrator (Bischof).

Ein Mann bewacht jetzt während der Nacht das Grundstück. Ich habe gerade noch mit ihm draußen auf der Bank gesessen und erzählt. Seine Frau ist vor 8 Jahren gestorben. Seine Geschwister sind schon alle im Westen. Er wohnt jetzt bei der Tochter. Sie ist geschieden. Eins ihrer Kinder hat einen Tadschiken geheiratet. „Da kann ich doch nicht auch noch fortgehen", sagt er. Aber das Bleiben ist für ihn – wie wahrscheinlich für die meisten anderen auch – nicht leicht. Die Schicksale der Menschen sind fast unbeschreiblich schwer. Dass sie in Deutschland nur noch Rente nach hiesigen Maßstäben bekommen, ist ungerecht. Das geht mir erst jetzt auf. Um etwas gegen „falsche" Aussiedler zu unternehmen, sind andere Methoden nötig. Wenn ich sehe, wie die Menschen hier leben müssen (!), dann fällt es mir nicht schwer, ihnen zuzureden, wenn sie ausreisen wollen. Schließlich werden doch alle gehen. In Duschanbe waren im vergangenen Sommer am Sonntag 300 Menschen in der Kirche, jetzt sind es nur noch 130, in Kurgan Tjube waren es 90, jetzt noch 30.

Noch kann ich die Lage nicht ganz überblicken. Aber ich schätze, dass ich nicht die vollen drei Jahre, die mich der Bischof freigestellt hat, hier sein werde. Andererseits kann man die Menschen hier auch nicht allein lassen.

Kürzlich wurden sieben Erwachsene getauft. Vielleicht unterstelle ich ihnen falsche Motive, wenn ich sage, sie lassen sich taufen, weil sie bald ausreisen wollen und sich in

Deutschland etwas davon erhoffen. Widerlegen kann es zurzeit aber keiner.

Schön ist, dass es viele tiefgläubige Christen hier gibt, mehr als ich sonst immer vermutetet habe. Dass diese Menschen in Deutschland dann nicht mehr zur Kirche kommen, liegt sicher nicht an ihrem Glauben.

Duschanbe, 11. August 1990

Als ich in dieser Woche einmal nachts zu einer Sterbenden gerufen wurde, fuhr der Taxifahrer durch ein Viertel, das in Indien oder Lateinamerika nicht schlimmer aussehen könnte: Hier und da eine Laterne, tiefe Löcher in der Straße, Hunde, Kühe …

Mit der Post könnte es möglicherweise ein kleines Problem geben. Briefe – und Pakete auf jeden Fall – werden nur ausgeliefert, wenn man „eingeschrieben" ist, d. h. polizeilich registriert. Demnächst gehe ich mit Hieronymus zu unserem Postamt – das ist ein Zimmer ohne Fenster wie ein Keller – und frage, ob für mich etwas angekommen ist.

Ich lebe mich immer besser ein. Eine der großen Umstellungen ist, dass ich hier so wenig zu tun habe. Aber die Hitze lässt auch nicht mehr zu. – Ich komme zurzeit zum Lesen wie noch nie. Bücher gibt es genug.

In Kurgan Tjube ist es ab Mitte August angenehm frisch: 22°C, Temperaturen, bei denen einige schon stark zu frieren beginnen. Tagsüber steigt das Thermometer zwar noch einige Wochen sehr, aber es ist, wie die Leute sagen: Nach dem 15. August wird es immer besser. Während der hl. Messe wedelt schon kaum noch jemand mit dem Taschentuch, um sich ein wenig Kühlung zu verschaffen.

Anton, ein russlanddeutscher Neupriester aus Duschanbe, wird bald das erste Mal von Novosibirsk nach Hause kommen. Seine Eltern wohnen ja noch hier. Demnächst werde ich ihn für zwei bis drei Wochen besuchen. Wie er sagt, gibt es besonders im Altai-Gebirge noch ganze Dörfer, in denen die Menschen deutsch sprechen. Dort kann ich gut helfen.

Auf der Fahrt nach Kurgan Tjube ging neulich der Bus kaputt, zum Glück schon nach 20 Kilometern. Der Fahrer trampte zurück und schickte nach einer Stunde einen neuen Bus. Es war gerade an einer Haltestelle. Da hatten wir ein wenig Schatten. Im Bus wäre es nicht auszuhalten gewesen. Oben in Kurgan Tjube gab es dann den ganzen Tag kein Brot zu kaufen – in einer Stadt! Den Lohn für das lange Anstehen nach einem Fahrschein bekam ich am folgenden Tag: Es hat nur 15 Minuten gedauert, und der Bus ging auch nicht kaputt.

In Duschanbe werden zurzeit viele Leute getauft und nachträglich getraut. Aber die Gemeindezahl wird schnell kleiner. Die Leute denken, es macht einen schlechten Eindruck, wenn sie im christlichen Deutschland ohne diese Sakramente ankommen. Oder sie rechnen mit finanzieller Unterstützung der Kirche. – Wenn ich nur besser Russisch könnte, würde ich viele genauer prüfen und ihnen vorschlagen, sich hier auf das Sakrament vorzubereiten, um es dann in Deutschland zu empfangen.

Duschanbe, 21. August 1990

Georg Gsell, der Organist der Gemeinde, wohnt nun auch in Wuppertal bei seiner Familie. Sogar seine Eltern planen wegzugehen. Rosemarie und Lili, zwei Schwestern einer ökumenischen Gemeinschaft, werden bald nach Riga fliegen und um ihren Ordensaustritt bitten. Duschanbe löst sich auf. Keiner hat mehr Mut hierzubleiben. Keiner möchte der Letzte sein. – Aber ich habe mir das ja schon gedacht, bevor ich hergekommen bin.

Die Menschen hier haben ein anderes Lebensgefühl! Auch die Deutschen sind – nach unseren Maßstäben – nicht gerade fleißig. Ein Grund mag die Hitze sein, ein anderer das „Fortgehen" so vieler, was traurig macht. Und doch könnte man mehr tun! Mir fehlt jemand, der mitzieht, der Ideen hat und vorläufig dableibt. Der Pfarrer hat Vorstellungen, die ihm wahrscheinlich schon in seiner Kindheit beigebracht worden sind. Er ist Anfang 30 und wirkt wie ein Priester aus alter Zeit. Aber er ist ein guter Mensch.

Bei regelmäßigen Krankenbesuchen nehme ich Geld mit. Es gibt Leute, die bekommen keine Kopeke Rente, und viele haben nur 30 Rubel (= DM 8,33) im Monat.

In Kurgan Tjube sind zwei Familien mit insgesamt 15 Kindern zu mir gekommen, die alle getauft werden wollen. Hieronymus wird am Wochenende hinfahren, und ich übernehme den Dienst hier. Ist mir auch recht.

Neulich war eine Journalistin hier, die in ihrer Zeitung über den Glauben schreiben wollte. Sie bedauert, dass sie und so viele Menschen in der Sowjetunion nicht glauben können. Sie haben immer gelernt, es gäbe keinen Gott. Aber sie sind unzufrieden. Eine Bibel kennt sie von ihrem Großvater. Der hatte aus der Zarenzeit eine kleine Soldatenbibel mit Bildern. Die kam ihr vor wie ein Märchenbuch. Hieronymus schenkte ihr eine vollständige neue, gut gebundene russische Ausgabe. Sie konnte es kaum fassen und staunte, wie „wissenschaftlich" dieses Buch ist. Nur wegen der Kommentare, der Verweise zu Parallelstellen und der Karten!

· Wir werden unser Auto verkaufen, weil es auch in Zukunft kein Benzin an der Tankstelle geben wird. „Beziehungen" haben wir keine. Busfahren geht auch.

Duschanbe, 30. August 1990

Es ist zwar Ende August, aber noch recht heiß, also kann man schlecht einschlafen.

Hieronymus hat der Postbotin heute eine Marienplakette geschenkt, damit sie uns die Post bringt, wenn sie eintrifft, nicht erst Tage später. Sie will es tun.

Wenn es am Abend dunkel wird, zirpen die Heuschrecken bis spät in die Nacht. Schaut man nach, warum sie so laut zirpen können, entdeckt man: Sie sind zehn Zentimeter größer als in Europa, aber ganz brav. Genauso gehören Eidechsen zu unseren täglichen Gästen. Eine Sorte wohnt unter dem Parkett in der Kirche. Sie sind so klein, dass sie in eine Streichholzschachtel passen. Erst wenn es dunkel ist, wagen sie sich heraus. Ich treffe sie meistens zur Komplet. Und dann gibt es andere im Hof, die sind schon knapp zwanzig Zentimeter lang.

Zurzeit lese ich eine Buch von Aimee Duval. Warum war die Nacht so lang? Wie ich vom Alkohol loskam. Mir wird dadurch so manches klar. Sehr viele Männer hier trinken. Duval schreibt, wenn Erwachsene Kindern gegenüber ihre Autorität missbrauchen, würde bei den Kindern ein Trauma zurückbleiben, das sie entweder selbst hart und böse werden lasse oder willenlos und oft ebenfalls alkoholabhängig mache. Kinder zu freien Menschen erziehen ist also eine ganz wichtige und lohnende Aufgabe. Aber wo soll ich anfangen? Hier herrschte nicht 40, sondern 73 Jahre lang der Sozialismus!

In diesen Tagen pflücken wir unsere Weintrauben und verarbeiten sie mit einem Entsafter ohne alle Zusätze zu einem unheimlich guten Saft. 100 Liter werden es bestimmt, vielleicht mehr. Leider wird immer wieder der Strom abgeschaltet und keiner weiß, für wie lange. Gas haben wir schon seit zwei Wochen nicht.

Benzin verkaufen die Tankwagen jetzt heimlich in Nebenstraßen, bevor sie zum Bestimmungsort fahren. An den Tankstellen gibt es kaum etwas.

Duschanbe, 10. September 1990

Hier in Duschanbe bekommt man ein anderes Zeitgefühl.

Zwei Tage in der Woche werde ich jetzt Kranke besuchen. Da ich mit dem Stadtbus unterwegs bin, brauchte ich neulich für zwei nicht allzu lange Besuche fünf Stunden. Schließlich habe ich dann sogar drei Besuche in der gleichen Zeit geschafft. In dieser Woche beginnen wir mit dem seit 1980 geplanten regelmäßigen Religionsunterricht.

Die Sechs- bis Zehnjährigen sind in einer Gruppe, die Elf-

bis Vierzehnjährigen und die Jugendlichen in einer zweiten. Beide Gruppen müssen wir teilen, weil manche vormittags in die Schule gehen, andere nachmittags.

Wenn ich sonntags in Duschanbe bin, besuche ich nach der hl. Messe je eine Familie.

Morgen werden Rosemarie und Lili aus Riga zurückkommen. Sie wollten dort ihren Ordensaustritt erklären. So langsam verstehe ich auch die Zusammenhänge: Diese Gemeinschaft, die sich ökumenisch nennt, hält nichts von der hl. Messe. Das hat die beiden nun endlich zu diesem Schritt bewogen. Sie sind katholisch und wollen es bleiben. Die Lage ist weiterhin schwierig, nicht nur politisch und wirtschaftlich. Problematisch ist auch, dass ich viele russische Wörter nicht verstehe. Es wäre leichter, wenn noch jemand hier wäre, der ähnlich denken würde wie ich. Die Sowjetunion hat die Menschen sehr geprägt. Sie sind anders als wir (noch russischer als wir Ostdeutschen). Andererseits erkennt man hier viel leichter als in Deutschland, dass sie schuldlos so wenig von Gott, Glauben und Kirche wissen. Und was sie wissen, ist hoch zu schätzen. Sie haben es verdient, dass jemand mit ihnen den Weg zu Gott sucht und geht. Anders ist es bei denen, die plötzlich vor ihrer Ausreise in die Kirche kommen und getauft werden wollen.

Duschanbe, 15. September 1990

An den vergangenen Tagen war es wieder sehr heiß. Aber nachts ist es doch schon angenehm frisch.

Wenn hier in Duschanbe jemand für mich ans Telefon geht,

kennt mich unter meinem Namen „Pickel" hier keiner. Es ist bei Bekannten nicht üblich, sich mit dem Familiennamen anzusprechen. Das macht man nur in der Partei. Die Leute sagen zu mir „Pater Clemens" oder „Priester Clemens". Auch ich spreche viele mit ihrem Vornamen an, aber trotzdem mit „Sie". Sogar Kinder sagen zu ihren Eltern „Sie".

In Novosibirsk werde ich schwer zu erreichen sein. Es gibt noch kein Pfarrhaus. Ich wohne auch nicht dort, wo das Telefon steht. Wir werden viel unterwegs sein, z. B. in Tomsk. Dort hat die Kirche ein altes, hundertjähriges Gebäude wiederbekommen. Auch ein Pfarrhaus mit sechs Wohnungen steht in Tomsk, aber alle Räume sind noch bewohnt von Leuten, die auf Zuweisung der Stadt eingezogen sind. Auch nach Omsk werden wir fahren. Dort gibt es in den Dörfern um die Stadt herum noch unzählig viele Deutsche. Da lebt gar niemand anderes. Selbst die Kinder auf der Straße sprechen Deutsch, sagt Anton. Und ins Altai-Gebiet wollen wir öfter, dort ist es nicht anders.

Kurgan Tjube, 17. September 1990

Da ich zurzeit allein als Priester im Land bin, war auch der vergangene Sonntag randvoll. Jetzt aber ist Montag. Ich sitze im Häuschen neben der Kirche von Kurgan Tjube und hole „meinen" Sonntag nach. Draußen klettert das Thermometer wieder unbarmherzig in die Höhe. Die Hitze macht träge. Gestern Abend, als ich kurz nach neun von der Messe aus Wachsch hierher zurückkam, war es draußen so angenehm, dass ich mich ein wenig neben unseren Nachtwächter auf die Bank setzte. Er kommt seit acht Jahren immer gegen 18.00 Uhr und geht morgens um sieben. Letztes Jahr wurde er von einem Räuber mit einem Messer verwundet. Die Polizei unternimmt bei solchen Lappalien nichts. Während daumendicke Heuschrecken auf dem Hof hin und her hüpften, um sich ein Plätzchen zum Zirpen für die Nacht zu suchen, und eine Kröte zum Abfluss unseres Wasserhahnes im Hof watschelte, erzählte mir Vetter Pius, wie er gestern früh eine junge Schlange in der Kirche gefangen hat. „Nur einen halben Meter lang", sagte er …

In Stunden wie heute Vormittag, wenn es noch nicht so heiß ist und keine andere Arbeit anliegt, lese ich ab und zu in Büchern, die ich in Kamenz nie angefasst hätte, z. B. „Dokumente des II. Vatikanischen Konzils" und Walter Kasper: „Der Gott Jesu Christi". Und sie sind mir wie eine Offenbarung. Ich lese sie anders als noch in Erfurt während des Studiums: Nicht die Freude am wachsenden Wissen, sondern eine viel tiefere Freude daran, was Kirche ist, lässt mich wieder und wieder lesen. Das, was Menschen manchmal an der Kirche abstößt, was sie ärgert oder auch, was sie zeitweise anzieht und begeistert, ist alles Oberfläche. Kirche ist kein Verein, sondern Gottes Wille und Wohnung. Und wir dürfen und sollen helfen, dass die Welt davon eine Ahnung bekommt.

In zweieinhalb Wochen fliege ich nach Novosibirsk. Und ich habe keine Winterschuhe! Das heißt, ich muss mir dort von jemandem sein zweites Paar Filzstiefel borgen. Zu kaufen gibt es nichts. Ende Oktober bin ich wieder im warmen Duschanbe.

Je weiter man von Duschanbe ins Land fährt, desto unbekannter sind den Menschen Messer und Gabel. In Wachsch isst man nur mit dem Löffel bzw. mit der Hand. Ich habe in der Gemeinde schon zwei ältere Schüler kennengelernt, die bei Tisch fragten, wie man mit dem Besteck umgeht.

Viele der alten Deutschen sind Analphabeten. Wann hätten sie etwas lernen sollen? Ihre Lebensgeschichten sind oft zum Weinen: Mann und Söhne im Krieg oder danach erschossen bzw. verschleppt; ein im Misthaufen vergrabenes Kind gefunden – noch am Leben – adoptiert; Jahre im Kolchos gearbeitet für ein paar Gramm Lebensmittel – nie Geld bekommen – heute: Keine Kopeke Rente; Mann im Krieg verschollen – später erfahren, dass er in Deutschland verheiratet ist – jetzt schreibt er: Frau gestorben, komm bitte …

Oder: Im Februar '90, als hier ein paar Tage Bürgerkrieg war, wurde ein Jugendlicher der Gemeinde auf dem Fahrrad vom Panzer überfahren. Glücklicherweise war nur das Bein gebrochen, allerdings war es ein komplizierter Bruch. Arzturteil im Krankenhaus: Amputieren. Eine Schwester erkennt den Jungen und veranlasst, dass das Bein dran bleibt. Ein halbes Jahr später wird festgestellt: Die Knochen sind schief zusammengewachsen. Arzturteil: Das geht so.

Ein Kapitel für sich sind Diebstähle, Einbrüche und Übergriffe auf der Straße. Nachts traut sich keiner raus. Von 1.00 Uhr bis 5.00 Uhr ist Ausgangssperre …

In der hl. Messe sind die Leute aufmerksame Zuhörer. Es kommt vor, dass sie bei der Predigt anfangen zu weinen, weil ihnen die Worte sehr nahegehen. Ganze Teile der Predigt können sie wörtlich wiederholen.

Plakate auf den Straßen sind jetzt öfter zuerst in Tadschikisch geschrieben, dann erst in Russisch. Egal, ob in der Hauptstadt oder hier: Tagsüber schallt aus den Radios der Nachbarhöfe tadschikische (islamische) Musik. Das Land möchte selbständig werden, und Ausländer (Nichttadschiken) sind ungern gesehen. Andererseits stellen die aber so gut wie alle Fachleute. Wo sie ausreisen, und an vielen Stellen sind sie das schon, gehen die Betriebe zu Grunde.

Es gibt so gut wie nichts zu kaufen, z.B. kein Benzin. Also musste ich gestern mit dem Taxi nach Kurgan Tjube kommen, das 104 Kilometer von Duschanbe entfernt liegt. Der normale Fahrpreis hätte 20 Rubel betragen. Der Fahrer aber wäre gar nicht erst losgefahren, wenn wir nicht 50 Rubel gegeben hätten. – Ein paar Tage bin ich nach einem Armband für meine Uhr gelaufen. Wurst hatten wir seit zwei Wochen nicht. Schuhkreme ist Mangelware, Schulhefte gibt es auf Marken und endlos so weiter...

„Was sonst so passiert": Heute während der Frühmesse in Kurgan Tjube breite ich die Hände zur Präfation aus und muss mir das Lachen verkneifen, denn mir kommt ein Stückchen vom Innenfutter des Messgewandes unter die Augen, auf dem drei kleine Enten Walt-Disney-mäßig einer großen hinterherstolzieren. Nach der Messe haben wir gemeinsam die lustigen Bilder bestaunt.

Der Bus nach Duschanbe war speckig-schmutzig, sodass man sich gar nicht anlehnen wollte. Wie üblich, schliefen die Männer nach 20 Minuten ein und die Mütter begannen ihre Kinder zu stillen. 10 Kinder sind normal für eine tadschikische Familie. Die Fahrt ging durchs Gebirge, das fast nur aus Lehm besteht. Tiefe Schluchten sind statt komplizierter Tunnel in die Berge geschnitten. Eine Stunde bergauf, eine dreiviertel Stunde bergab, und wir waren wieder in Duschanbes besonders schlechter Luft.

Duschanbe, 23. September 1990

Der Pfarrer von Zelinograd flog mit einem großen Flugzeug in seine Pfarrei. Beim Start verlor die Maschine ein Fahrwerk. So hatte er Gelegenheit, die Leute unterwegs das Beten zu lehren. Bei der Notlandung auf einem Schaumbett wurde niemand verletzt. Beim Aussteigen jedoch wurden alle mit Feuerwehrschläuchen abgespritzt, weil der Befehl „Wasser halt!" noch nicht gekommen war.

Da die Batterie meiner Armbanduhr leer ist, habe ich mir hier eine billige Uhr gekauft. Als Armband suchte ich ein besseres, teureres aus. Beim Umbinden auf der Straße ist es sofort zerrissen. Herr Gsell sagte mir, ich könne froh sein, wenn die Uhr morgen noch geht. Sie geht!

Gestern wurden wieder ein paar Leute getauft. Ich werde immer sehr traurig, wenn ich da Menschen sehe, die kaum ein Kreuzzeichen können, aber kurz vor der Ausreise noch schnell das Sakrament der Taufe empfangen wollen. Ich weiß jetzt sicher, dass die, die schon drüben sind, hierher schreiben: Lasst euch vor der Ausreise noch taufen. Hier bekommt ihr von der Kirche Möbel, Kühlschränke, Fernseher … Aber ich taufe keinen, der fortfährt. Ich gebe höchstens ein wenig Unterricht und lasse Grüße an die Priester in Deutschland ausrichten, die sich auch freuen, wenn Eltern ihre Kinder und sich selber zum Taufunterricht anmelden. Ich bin gewiss, dass unsere Kandidaten schon zur zweiten Unterrichtsstunde nicht mehr kommen werden.

Der 3.Oktober rückt näher. Wir werden hier gegen 14.00 Uhr ein großes Mittagessen zu uns nehmen mit gutem Fleisch, wie es das nur alle drei Jahre gibt, sogar mit einer Flasche Wein!

Der Brief, den ich heute abschicke, wird wohl so ziemlich der letzte Brief sein, den ich in die „DDR" abschicke. Mal sehen, wann die Post hier erfährt, dass es keine DDR mehr gibt?! Aus Kamenz bekam ich zwei Päckchen, eins mit Briefpapier und eins mit dem „Kleinen Prinzen". Sie wurden ebenso schnell versendet wie Briefe. Aber das ist jeden Tag anders. Auf der Benachrichtigung im Briefkasten stand, die Päckchen wären aus Westdeutschland. Die Post kann das nicht unterscheiden.

Abends begehe ich immer eine kleine Zeremonie, wenn ich kurz vor 22.00 Uhr die Pappschachtel öffne, das Radio aus dem Plastikrahmen nehme und die Tüte entferne. Alles wegen des Staubes. Dann ziehe ich die Antenne heraus und schalte ein. 7 bis 10 Minuten dauern die Nachrichten der Deutschen Welle. Anschließend bis halb elf gibt es politische Kommentare. Die höre ich mir oft noch an. Nur manchmal ist der Empfang zu schlecht. Jetzt war ich in der Stadt im Hotel. Dort wollte ich an dem kleinen Kiosk, wo man Waren nur gegen Devisen erhält, etwas für den 3. Oktober kaufen. Aber ich habe es gelassen: Eine Flasche Napoleon 70 DM, eine Flasche billiger französischer Rotwein 15 DM usw. Wenn man zu Fuß geht, trifft man alle paar Sekunden einen streunenden Hund. Nachts braucht nur einer anzufangen, dann jault und bellt und kläfft es im ganzen Viertel.

Duschanbe, 25. September 1990

Gestern zum Requiem eines Verstorbenen, des Vaters eines Ministranten, war die Kirche voller „Früchte des Sozialismus": Wie Zuschauer in einem billigen Theater lümmelten die Arbeitskollegen des Verstorbenen in den Bänken. Hände in den Hosentaschen. Wem es zu lang wurde, der ging hinaus. Vor der Tür stand ein LKW mit offener Ladefläche und einem ausgebreiteten Teppich darauf. Das war das Leichenauto. Auf dem Weg zum Friedhof saßen die engsten Angehörigen mit dort oben und stellten ihre Mineralwasserflaschen auf dem Sarg ab wie auf einem Tisch.

1990: *Beerdigung Duschanbe*

Ein Teil der Leute rauchte auf dem Friedhof, unterhielt sich, und von denen, die den Sarg zu sechst ins Grab senkten, wollte jeder lautstark am besten wissen, wie das geht. Ich hatte dunkle Hosen angezogen, frisch gewaschen und gebügelt. Der Staub auf den Friedhofswegen war feines, leichtes Pulver. Jetzt müssen die Hosen wieder in die Wäsche.

Duschanbe, 30. Oktober 1990

Nachdem ich in der vergangenen Nacht kurz vor der Sperr-
stunde von einer dreieinhalbwöchigen Reise aus Sibirien
zurückkehrte, fand ich hier in Duschanbe einen großen Sta-
pel Briefe vor. Ich habe mich über jeden einzelnen Gruß sehr
gefreut.

In Novosibirsk gibt es einen Pfarrer, der Franziskaner ist,
und einen Kaplan, vier Schwestern eines eucharistischen
Ordens und vier Schwestern von Mutter Teresa. – Ganz
schön viel, wird mancher sagen. Die Stadt hat aber 1,6 Millionen Einwohner und die „Außenstationen", auf die ich geschickt wurde, sind nur unter großen Mühen zu erreichen:
Tomsk, 300 Kilometer, 6 Stunden Busfahrt; Omsk, 700 Kilometer, 10 Stunden mit dem Nachtzug; Altai-Region, 3-15
Stunden mit Bus und Zug.

30.10.90: *Katholiken, Sibirien, Altai-Gebirge*

Die materielle und geistliche Armut der Menschen dort übertrafen meine schlimmsten Vorstellungen von der Sowjetunion. Menschen haben vor 53 Jahren zum letzten Mal gebeichtet, vor 20 Jahren den letzten Priester gesehen, nicht gewusst, dass Abtreibung Sünde ist.

In den Behausungen konnte ich manchmal die Burse mit dem Allerheiligsten nicht abstellen, weil kein Platz war oder als Tischtuch eine „Prawda", die Tageszeitung, diente.

Die Alten haben keine Kraft mehr, den Glauben an die Jüngeren weiterzugeben. In den Jahrzehnten priesterloser Gottesdienste ist aus den gemeinsamen Gebeten ein Murmeln geworden, das kaum zu verstehen ist. Nachts um halb zwölf bereitete ich einen krebskranken jungen Mann auf die erste hl. Beichte und die Erstkommunion vor. Ich kann nicht sagen, in wie viel Monaten oder Jahren wieder ein Priester vorbeikommen wird. Der junge Mann empfing die Sakramente in großem Frieden. Viele Bewerber für Taufe und Trauung musste ich nach Hause schicken in der Hoffnung, dass Impulse aus diesen ersten Glaubensgesprächen verarbeitet werden. Es war zum Weinen, wie wenig Zeit ich für die Menschen hatte. Im nächsten Dorf warteten schon andere.

Lebensmittel gibt es in den Städten auf Marken, z. B. 1,5 kg Zucker im Monat, wenn es überhaupt welchen gibt. Es gibt kein Mehl zu kaufen, usw.

Vier Stunden hospitierte ich in einer Schule, in der eine Ordensschwester Religionsunterricht gab. Die Menschen hier suchen. Es werden viele Priester und Laien gebraucht, die den Glauben von Neuem in dieses Volk tragen.

Alle, die sich Sorgen um meine Gesundheit oder dergleichen machen (ich lese das in den Briefen), möchte ich beruhigen. Ich bin froh, dass mich Gott hierhergerufen hat und dass mein Bischof mich gehen ließ. Bei vielen Gelegenheiten ist die Hand Gottes im Spiel. Deshalb kann ich sagen: Mir ging es noch nie so gut wie jetzt.

Eure Briefe kamen in Novosibirsk an, hier waren es 20 weitere. Ich habe bis nachts halb drei darin gelesen.

In Sibirien gibt es viel mehr Arbeit als hier. Vielleicht gehe ich dorthin?

Besonders die Begegnung mit den Schwestern dort hat mir gezeigt, wie schön es ist, seine Berufung immer besser zu erkennen. Das sind Menschen – schon fast wie Heilige. Sie haben mir sehr geholfen.

Duschanbe, 3. November 1990

Im Rückblick auf die Monate August und September muss ich sagen, dass es da manche Schwierigkeiten gab, weil ich mich erst loslösen musste von dem, was unnötig und hier nicht zu bekommen war. Nach vielen Gewohnheiten hatte ich Heimweh. Jetzt, das heißt nach der Erfahrung in Sibirien, ist es anders. Ich konnte zum Beispiel einen Monat keine Nachrichten hören, ... und es ging. Ich kam so gut wie gar nicht dazu, Briefe zu schreiben, was ich doch ganz gern mache, ... und es ging. Ich saß – und sitze – abends nie bei einem Glas Wein oder Bier, geschweige denn vorm Fernseher, ... es geht ohne Probleme.

Die große Not der Menschen lässt einen an kaum etwas anderes denken, als zu helfen. Die Gläubigen, die ich dort antraf, kamen mir vor wie Schiffbrüchige, die gerade noch ein wenig Kraft zum Schwimmen hatten, aber nicht mehr lange. An andere den Glauben weitergeben, das können sie schon lange nicht mehr. Es muss schnell geholfen werden. Und es gibt Menschen dort, die sich ganz dafür hergeben, z. B. die Schwestern in Novosibirsk. Ihr Eifer, ihr Glaube, ihre Freude und ihr Mut haben mich sehr beeindruckt und selber froh gemacht. Es sind Menschen, wie man sie vielleicht nur ganz selten auf der Welt trifft. Obwohl ich viel Arbeit hatte und nur sechs bis sieben Stunden am Tag schlafen konnte, ging mir vieles leicht von der Hand. Geistlich haben mich diese Wochen mehr gestärkt als manche Exerzitien, die ich erlebt habe.

Hier in Duschanbe haben wir den Luxus, zwei Priester am Ort zu haben. Das lässt mich nun gar nicht mehr ruhig schlafen. Die Arbeit wird immer weniger. In Wachsch wird schon zu Weihnachten keine hl. Messe mehr sein. Heute früh war ich zur Gräbersegnung in Warsob. Die letzte deutsche Familie führte mich über den Friedhof, im Dezember reisen auch sie aus. Nachmittags habe ich die Gräber hier auf dem kilometerlangen Friedhof gesegnet und habe geschwitzt. Es waren in der Sonne sicher über 30°C. Nachts aber fällt das Thermometer fast auf den Gefrierpunkt.

Es passieren auch viele lustige Dinge: Während ich in einer Wohnung mit 25 Leuten die Messe feiere und predige, machte ein kleiner Junge in der ersten Reihe in die Hosen. Erst stand er nur selber in der Pfütze, dann lief sie auf mich zu, und ich dachte: Schnell zum Schluss kommen, bevor es jemand merkt. Und während ich „Amen" sagte, schaute eine Frau auf den Boden, wurde erst selbst vom Entsetzen gepackt, dann griff sie den Jungen und lief mit ihm nach draußen in den Schnee.

Oder: Ich fuhr im Nachtzug in einem sogenannten „Platzkartenwagen", d. h. 56 Personen schlafen ohne Zwischentüren in einem großen Wagon. Unter mir, schräg unter mir und oben neben mir lagen drei alte Leute, die alle verschieden schnarchten. Wenn sie alle paar Stunden aufwachten, bekamen sie Hustenanfälle und dergleichen. War endlich einmal Ruhe, fing nebenan ein Kind an zu schreien. Die Mutter ließ sich Zeit, bis sie mit ihm hinausging. Dort aber war es kalt, also brachte sie das Kind schreiend wieder mit.

Oder: Man stelle sich das frostige Sibirien vor und dann die Tatsache, dass fast alle Leute die Toilette im Garten haben, eine Holzbude ohne Licht und Sitzfläche (man würde ja nur anfrieren). Einmal beschrieb man mir, wo etwa das Klo sei. Weil ich es aber im Dunkeln nicht sehen konnte, machte man mir Licht in einem größeren Schuppen auf dem Feld, dort sollte ich hineingehen. Als ich drinnen war, fand ich mich zwischen zwei Kühen wieder. Die taten mir doch zu leid. Und ich ging ins Freie.

In einem Dorf sangen die Leute so kräftig, dass ich mich am Altar festhalten musste, um nicht umzufallen. Bei offenen Fenstern hätte man sie sicher noch einen Kilometer weit gehört. In einem anderen ministrierte ein Junge in Strümpfen, weil seine Schuhe schmutzig waren. Als ich genauer hinsah, entdeckte ich, dass ich der Einzige war, der Schuhe anhatte. So erklärte sich auch die „verbrauchte" Luft im Raum.

Kurgan Tjube, 12. November 1990

Gestern Abend in Wachsch konnte ich die ersten Fotos von meinem Besuch im August verteilen. Die Leute haben sich gefreut, als ob sie sich zum ersten Mal im Spiegel sehen.

Das kann man sich wahrscheinlich nicht vorstellen. Ich denke, manche alte Leute haben sich tatsächlich zum ersten Mal auf einem Foto gesehen. Ohne Brille konnten sie zwar kaum etwas erkennen. Trotzdem sind sie mit den Bildern von einer zur anderen gesprungen und haben gezeigt: „Das bin ich! Das bin ich!"

Gestern hat uns nach der hl. Messe in Duschanbe ein Taxi in neuem Rekord-Tempo nach Kurgan Tjube gebracht, obwohl die Straße voller LKW war. (Weil drei Tage wegen der Oktoberrevolution gefeiert wurde, war der anschließende Sonntag Arbeitstag.) Wir saßen hinten zu viert. Der Tachometer funktionierte nicht, aber wir haben alle anderen Autos hinter uns gelassen. Der Wolga-Motor pfiff wie eine Rakete. Ich denke, dass wir oft zwischen 100 und 140 km/h gefahren sind – und das auf tadschikischen Straßen! Aber ich vertrage es schon besser als im Sommer. – Manche Straßenabschnitte hatten sich leicht gesenkt oder verschoben, vielleicht wegen eines Erdbebens in der vergangenen Woche.

Heute Abend habe ich die erste hl. Messe ohne ein einziges deutsches Wort gefeiert, sogar mit einer kleinen russischen Predigt. Es fiel mir leichter als sonst, weil es für die Leute hier in Kurgan Tjube erst die zweite russische Messe war. Sie waren aufgeregter als ich. Jeden Montag soll jetzt hier russischer Gottesdienst sein.

Vor zwei Wochen sagte mir eine Frau, dass sie zu Hause und überall Russisch spricht, aber in Deutsch betet, z. B. das Vaterunser. Als ich ihr das Vaterunser auf Russisch zeigte, verstand sie zum ersten Mal den Sinn der Worte! – Kirche kann hier nicht überleben, wenn sie sich an die deutsche Sprache klammert. Gebete sind keine Gedichte, die man aufsagt, sie müssen aus dem Herzen kommen!

Duschanbe, 24. November 1990

Wenn nun also wirklich alle Briefe vier Wochen unterwegs sind, wird es Zeit, Weihnachtsgrüße zu verschicken.

Ich bin allein hier, das bedeutet, dass ich morgen nach dem Hochamt hinaus nach Kurgan Tjube fahre.

Während meines zweiten Aufenthaltes in Sibirien war ich fast die ganze Woche in Tomsk. Täglich zwei Messen in russischer Sprache. Abends immer Unterricht für Jugendliche, die sich auf die Taufe vorbereiten.

Wenn Hieronymus wiederkommt – letzte Nacht um ein Uhr rief er an und fragte, ob er bis zum nächsten Wochenende in Marx bleiben kann –, werden wir die Advents- und Weihnachtszeit besprechen. Samstags um 6.00 Uhr wollen wir Rorate feiern. Weihnachten werden die Messen an den verschiedenen Orten nicht parallel, sondern nacheinander gefeiert werden. Das heißt, ein Priester muss das alles allein bewältigen. Hier ist nach der Christnacht Bescherung für die Kinder. Weil das alle wissen, kommen etwa 200. Und dann fahren Priester und Schwestern nach Kurgan Tjube. Sollten in Wachsch doch noch Leute sein, ist auch dort in derselben Nacht Christmette. – Na ja, und da wird mein Problem deutlich: Wir haben hier den Luxus von zwei Priestern (diesen Luxus hat keine andere Pfarrei hinter dem Ural), und woanders wird überhaupt keiner sein. In Novosibirsk ist Paulus, in Tomsk Anton, in Omsk ist Josef ... was bleibt? Die abgelegenen Altai-Dörfer. Ein bisschen nördlich von Semipalatinsk liegen sie: Woltschicha, Ust-Woltschicha, Michailowka, Malinowoe Osero. Wenn es Hieronimus erlaubt, fliege ich hin, diesmal so, dass ich auch Zeit für die Leute habe. Gern würde ich kurz vor dem 3. Advent fliegen und dann täglich in der Kirche von Woltschicha Katechesen zu den Themen Gott, Glaube, Kirche halten, die Menschen ein wenig Advent erleben lassen und auf Weihnachten vorbereiten. In der Nacht vom 25. zum 26. Dezember müsste ich dann nach Novosibirsk zurück. Dort könnte ich bei den Schwestern von Mutter Teresa, den sogenannten „Missionarinnen der Nächstenliebe", am 2. Weihnachtstag mittags die hl. Messe in Englisch zelebrieren und am Nachmittag weiter nach Duschanbe fliegen. Hier würden wir dann am späten Abend gemeinsam Weihnachten feiern können. Und am 27. fliege ich nach Moskau. Soweit mein Plan. Und soweit für heute.

Kurgan Tjube, 25. November 1990

Der Sonntag ist gut verlaufen. Es waren drei schöne Christkönigsgottesdienste, jeder auf seine Art: In Duschanbe feierliches Hochamt mit Orgel und sechs Ministranten (davon wie immer am Sonntag zwei Mädchen), in Kurgan Tjube fiel mir das Singen der Texte leichter als am Morgen, da haben wir während der Predigt auch gleich ein Lied gelernt, und in Wachsch war es wieder einmal richtig „Mission": Einfache Leute, die mit ihren Gedanken in die Predigt eingreifen, Ministranten, die lieber zehnmal die Nase hochziehen als sie einmal zu putzen, Kinder, die schief singen, usw. Alles gute Leute.
Bei allem helfen mir wie üblich unsere Schwestern. Vor und nach der hl. Messe halten sie Katechesen. Während der Messe singen sie vor. Nachdem alle Leute gegangen sind,

erzählen sie mir von der Lage verschiedener Familien, damit ich besser auf sie zugehen kann.

Die Schwestern hier wie überall, wo ich sie in der Sowjetunion erlebt habe, sind wunderbare Menschen. Wenn ich es im Sommer schaffe, besorge ich allen eine Einladung nach Deutschland. Dort könnten sie im September 1991 ca. drei Wochen lang Kirche erleben, Deutschland sehen, selbst Unterricht in Katechetik erhalten und durch ihre Anwesenheit zum Segen für die Kirche in Deutschland werden. Sie könnten ihre erste Niederlassung bei Hof besuchen, selbst nach Literatur und Druckmöglichkeiten Ausschau halten. Mit der Oberin innerhalb der Sowjetunion habe ich schon gesprochen. Sie sieht wohl das größte Problem in der Finanzierung. Aber da müsste sich eine Lösung finden lassen.

Inzwischen gibt es auch in Taschkent, eine Flugstunde von hier, kein Mehl und keinen Reis. Duschanbe ist wohl eine der letzten Städte, die noch ohne Lebensmittelmarken auskommen. Hier in Kurgan Tjube gibt es jetzt schon Öl, Zucker und Mehl auf Marken. Ich denke, nächsten Monat ist es auch in Duschanbe so weit.

In Wachsch reisen die meisten noch vor Weihnachten aus: Das bedeutet, dort wird am 3. Advent die letzte hl. Messe gefeiert. Die Tadschiken wollen die Kirche zu einem Altersheim umbauen. Das ist keine schlechte Idee. Manchmal spreche ich mit den Tadschiken. Sie sind nicht schlecht. Das, was manchmal so bedrohlich wirkt, sind Fanatiker, die auf sich aufmerksam machen wollen.

Duschanbe, 29. November 1990

Nach Sibirien fliege ich vom 17.–27.12. Etwas kürzer als
ursprünglich geplant, aber es reicht vielleicht auch. Die
Temperaturen dort sollen ja gewöhnungsbedürftig sein. Und
Waschgelegenheiten gibt es fast gar nicht: Im Haus ein Ka-
nister, der immer mit Brunnenwasser nachgefüllt wird, draußen im Hof eine Banja, das ist eine Holzbude, die geheizt
und in der Wasser gekocht wird, ähnlich einer Sauna. Dort
waschen sich die Sibirier wohl einmal in der Woche.
In Duschanbe wird nach der Christmette Bescherung für die
Kinder sein und anschließend ein Puppenspiel. Am 25.12.
müssen alle wieder zur Schule und zur Arbeit. Ein bisschen
tut es mir leid, dass ich nicht da sein werde. Andererseits
weiß ich: Fliege ich nicht ins Altai, lesen die Leute dort am
Heiligabend eine Legende zum Weihnachtsevangelium aus
einem 80 Jahre alten Buch, beten den freudenreichen Rosenkranz, singen Weihnachtslieder von früher und gehen
wieder nach Hause.
Heute werde ich versuchen, einen Pelz und Handschuhe
und vielleicht auch eine warme Mütze zu kaufen. Ohne diese
Dinge ist es in Sibirien längere Zeit nicht auszuhalten. Hier
in Duschanbe müsste es etwas geben. Zwar ist es bei uns
jetzt auch schon kalt geworden, morgens steigt das Thermometer nur wenig über den Gefrierpunkt, aber tagsüber er-
reicht es fast zwanzig Grad. Das hängt mit den Bergen zusammen, die im Norden der Stadt über 3000 Meter hoch
sind.
Wenn ich demnächst in Deutschland sein werde, muss ich
die Zeit sehr genau einteilen, damit ich viele Menschen
erreiche. Durch Besuche kann ich doch wohl am besten auf

die Not der Leute hier aufmerksam machen und um geeignete Hilfe bitten, besonders um Menschen, die herkommen wollen, aber auch um solche, die in Deutschland bleiben und eine feste Verbindung hierher halten, die notwendigen Dinge besorgen, usw.

Meyendorf bei Magdeburg, 30. Januar 1991

> Mit dem Himmelreich ist es wie
> mit einem Schatz, der in einem
> Acker vergraben war. Ein Mann
> entdeckte ihn, grub ihn aber wieder ein. Und in seiner Freude verkaufte er alles, was er besaß, und
> kaufte den Acker.   (Mt 13,44)

In wenigen Tagen reise ich wieder in die Sowjetunion zurück. Ich bin froh, dass ich nun einmal selbst das vereinigte Deutschland erlebe, dass ich viel besorgen, besprechen und erledigen konnte. Ganz besonders freut es mich, dass so viele ein offenes Ohr für die Lage unserer Christen in Tadschikistan und Sibirien hatten.

Was ist der Grund für dieses voranstehende Gleichnis? Viele begleiten meine Schritte mit guten Wünschen, manche aber äußern Sorge oder Achtung. Besonders denen möchte ich sagen: Wer auf den Acker schaut, sieht ein großes Arbeitsfeld und dessen schwere Brocken: Hungersnot, Sozialismus, KGB, Nationalitätenkonflikte usw. Aber das ist nicht alles! Ich kann sagen, dass ich dort einen Schatz gefunden habe, und der macht mich froh: Menschen, die Heilige werden möchten, ansteckende Gottesliebe, christliche Eindeutigkeit. Egal, mit welchen Worten ich das beschreibe, es bleibt für die, die es nicht gesehen haben, unverstanden. Ich wünsche jedem, dass er einmal so einen Schatz zu Gesicht bekommt.

Mein Leben dort ist also gar nicht so schwer, wie es manchmal nach dem Aufzählen der vielfältigen Schwierigkeiten in der Sowjetunion scheint.

Denen, die mich ab und zu oder sogar regelmäßig durch ihr Gebet begleiten, danke ich von ganzem Herzen. Das Gebet ist eine so gute Hilfe, dass ich es zu den allerwichtigsten Hilfsgütern zähle. Auch ich möchte die Verbindung über die Brücke des Gebetes halten.

Duschanbe, 11. Februar 1991

Kurz nach Mitternacht kam ich heute früh mit zweieinhalb Stunden Verspätung aus Novosibirsk in Duschanbe an. Es lag Schnee. Die Taschen wogen „nur" noch 45 kg (vorher 75 kg). Ich schleppte sie zur Kirche. Dort öffnete niemand. So musste ich bis zu unseren Schwestern gehen, die dann (0.55 Uhr) das Klingeln hörten. Gemeinsam gingen wir zur Kirche zurück. Hieronymus und Tante Eugenia, unsere Nachtwächterin, haben einen tiefen Schlaf ...

Ich freue mich, wieder in Russland zu sein. Schon in Novosibirsk merkte ich, dass ich jetzt wieder am richtigen Platz bin.

Kurzer Rückblick: Heinz war in Berlin am Bahnhof und verabschiedete mich. Im Viererabteil waren wir zu zweit; ab Brest zu dritt. Kontrolle: So gut wie keine.

Ein Tag Moskau: Aufenthalt in der katholischen Kirche, abends hl. Messe gefeiert mit dem Priester aus der Slowakei, der jetzt ständig dort ist, tagsüber ein Telegramm aufgegeben.

23.55 Uhr Abflug nach Novosibirsk, Ankunft 7.55 Uhr Ortszeit. Unangemeldete Überraschung. Frohes Wiedersehen mit den Schwestern. Flugticket nach Duschanbe frühestens für Montag, das heißt, täglich deutsche Frühmesse, Besuche, Gespräche mit zwei Franziskanern aus der römischen Kurie. Sonntag: 200 Kilometer mit dem Bus nach Jurga, Glatteis, −20°C (warm), dort: Beichte, Messe, Essen. Einen Platz im Bus zurück habe ich nur durch Bestechung bekommen. 23.00 Uhr wieder in Novosibirsk, Bus, Metro ... 0.10 Uhr zu Hause, Abendbrot. 9.00 Uhr Frühmesse, 15.00 Uhr Taxi zum Flughafen bestellt, 15.30 Uhr noch nicht da, neues bestellt, absolutes Glatteis und jugendlicher Kamikaze-chauffeur. Anstelle der warmen Mahlzeit im Flugzeug nur noch ein trockenes Brötchen, ein Keks, ein Stück Zucker, Tee.

Das Erdbeben vergangene Woche hat in Duschanbe nichts weiter angerichtet. Es tropft in unserer Toilette ein bisschen mehr durch die Decke.

Heute vor einem Jahr war hier der Aufstand. Ein wenig ängstlich sind die Leute jetzt, ich meine die Russen und die Deutschen, weil die Tadschiken – als Moslems – sich mit dem Irak solidarisieren. Moskau äußert sich zu allem sehr diplomatisch. Die Geldentwertung hat Armut gebracht. Gut, dass ich 3.000 Rubel bei mir hatte. Ich habe sie bei verschiedenen Leuten getauscht gegen wertlose Hunderter und Fünfziger. Selber habe ich genug Geld. Da sind wir Ausländer gut dran. 90 Menschen sollen an den drei Umtauschtagen an Herzanfällen gestorben sein. Wahnsinn! Andere wurden in der Schlange zerquetscht.

Die letzten Zeilen klingen vielleicht ein wenig gruselig. Aber keine Bange! Im Großen und Ganzen hat sich nicht viel verändert.

Duschanbe, 27. Februar 1991

Ein Tag mit zwei Religionsstunden liegt hinter mir. Nun geht es mir besser. Zwei Stunden – das klingt wenig –, aber besonders die zweite hatte es in sich! Natürlich musste ich alles auf Russisch vorbereiten. Und damit die Kinder und Jugendlichen kommen, musste ihr Interesse geweckt werden. Da genügte kein Vortrag oder etwas zum Lesen.

Vergangene Woche kamen schon zwölf Schüler in die zweite Gruppe, heute waren es achtzehn! Darunter ein Sechsjähriger und eine Zwanzigjährige. Im Durchschnitt sind die anderen dreizehn bis sechzehn. Nicht nur verschiedene Altersgruppen saßen zusammen an den Tischen, sondern auch unterschiedliche Nationalitäten: Viele Deutsche noch, aber auch drei Russinnen, eine Usbekin und ein Koreaner. Fast alle waren zur Abendmesse geblieben.

Gestern Abend habe ich versucht, in Deutschland anzurufen. Es bedurfte einiger Vorbereitung: Sonntag früh um sieben musste ich das Telefongespräch bestellen. Man bot mir an: Dienstag 23 Uhr. Nun wartete ich am Dienstag. Zehn nach elf hatte es noch nicht geklingelt, also rief ich an und fragte nach. Die Oberdiensthabende sagte: Ich solle auflegen, man rufe mich an, wenn es soweit sei. Ich schob mir den elektrischen Heizkörper ans Sofa, stellte das Telefon dicht neben mich, damit keiner im Haus vom Klingeln aufweckte und wartete. 24 Uhr – nichts. Ich schlief ein, wachte 0.37 Uhr wieder auf und wollte erneut bei der Dame von der Vermittlung anrufen. Nachdem ich zwei Ziffern gewählt hatte, hörte ich schon ihre Stimme im Telefon, also wollte sie mich gerade anrufen. Sie fragte nach meinem Namen und sagte, ich solle warten. Zehn Minuten hielt ich den Hörer ans Ohr, dann fragte eine andere Stimme nach meinem Namen und sagte, ich solle warten. Sechs Minuten später fragte jemand, ob es Ost- oder Westdeutschland sei. Als ich Ost sagte, schimpfte die Dame, weil ich es nicht eher gesagt hatte. Mich hatte niemand gefragt. Wieder ein paar Minuten später hieß es dann: „Goworite!" (Sprechen Sie!). Doch am anderen Ende meldete sich Seehausen, 277. Ich legte gleich wieder auf, hob ab, und schon war wieder eine vom Amt in der Leitung und fragte, ob ich gesprochen hätte. Ich sagte: Nein! Ich will 290. Das verstand sie gar nicht, und es war wieder still im Hörer. Dann fragte sie nach ein paar Minuten noch einmal, ob ich gesprochen hätte. Und ich erklärte ihr, dass man mich falsch verbunden hatte. Sie versuchte es wieder, und nachdem ich den Hörer schon volle 30 Minuten in der Hand gehalten hatte, sind meine Eltern auf der anderen Seite dran gewesen. Nach den 10 Minuten fragte sie wieder, ob ich gesprochen hätte. Ich sagte „Ja" und „Spasibo!" (Danke). Sie antwortete freundlich: „Pozhaluista!" (Bitte!) und legte auf.

Duschanbe, 27. März 1991

Im Moment ist unklar, ob ich im Herbst noch hier sein werde. Es gibt demnächst Veränderungen in der katholischen Kirche in der Sowjetunion. Inwiefern deren Auswirkungen mich betreffen, werden wir sehen. Jedenfalls „muss" ich vom 5.–9. April nach Marx in die ehemalige Wolgarepublik. Ich ahne, worum es geht und fliege deshalb mit ein wenig Magendrücken hin.

Am 15. April versammeln sich bei uns in Duschanbe ein paar junge Priester. Es wird sicher sehr segensreich für alle, selbst für Pfarrer Rachwalski aus Leipzig, der für uns Exerzitien hält.

Die drei großen heiligen Tage stehen bevor. Ich freue mich darauf, besonders, weil ich sie mit Menschen feiern werde, die sich ihr Leben lang nach dem ausstrecken, um den es geht, nach dem Auferstandenen, der uns berufen hat. Dankbar will ich alle in die Gebete der Osternacht einschließen, die mir zu diesem Weg verholfen haben.

Duschanbe, 11. April 1991

Ich bin sehr froh über das Geschenk der Gewissheit, hier in diesem Land am richtigen Platz zu sein. Ich danke Gott dafür.

Nach meinem Aufenthalt in Deutschland kam ich im Februar auf dem Umweg über Novosibirsk zurück. Dort erlebte ich wieder Gäste in der katholischen Gemeinde, die ernsthaft überlegten, wie sie mir materiell und besonders personell helfen könnten. Dies scheint eine Frucht der vielen Briefe zu sein, die Pater Saulus, der Pfarrer von Novosibirsk, immer wieder in alle Welt verschickt. Die katholische Kirche in Novosibirsk erreichen Hilferufe aus immer entlegeneren Gegenden, von der mongolischen Grenze oder aus dem Fernen Osten.

Die Fastenzeit begann ich gemeinsam mit der Gemeinde in Duschanbe. Die allgemeine Stimmung empfand ich besonders in den ersten Tagen recht bedrückend. Die wachsenden Ungewissheiten, die über einem Leben hier im Land schweben, und das Abschied Nehmen von denen, die Woche für Woche ausreisen, ist für die, die noch dableiben, schwerer, als sie es zugeben möchten.

Ein Beispiel zur Versorgungslage in der Stadt: Großmütter aus unserer Gemeinde stellen sich morgens um 6.00 Uhr vor dem Lebensmittelgeschäft an, weil vielleicht am Abend eine Lieferung kommt. Mittags gehen sie kurz nach Hause, um etwas zu essen. Abends, wenn sie sich kaum noch auf den Beinen halten können, kommt tatsächlich manchmal ein Auto mit Konserven. Was deren Inhalt ist, interessiert in diesem Augenblick keinen. Alles wird gekauft. Einer unserer größeren Ministranten erzählte mir, wie ihn eine Frau zu Hilfe rief: Nachdem sie endlich etwas in ihrem Einkaufsbeutel hatte, gelang es ihr nicht, aus eigener Kraft den Ladentisch zu verlassen. Der vierzehnjährige Andreas zog die von beiden Seiten von Menschen Eingekeilte heraus. Ganz rot im Gesicht, schnappte sie dann draußen nach Luft, doch noch froh darüber, etwas ergattert zu haben.

Als vor Kurzem das Osterfest heranrückte, standen mir die vielen Menschen in Sibirien lebendig vor Augen, die das Fest ohne heilige Messe feiern würden. Eine Frau, die die

Fäden in einer der vielen Altai-Gemeinden zusammenhält, schrieb mir: „Sie werden ja doch nicht herkommen und als ständiger Priester bei uns sein. So haben wir uns entschlossen, nach Deutschland zu gehen. Beim Abholen der Fragebögen in der Deutschen Botschaft in Moskau hat man uns gesagt, alles zusammen wird ungefähr ein Jahr dauern ..." Das ist das Todesurteil für jene Gemeinde.

Ich war nicht aus Trägheit in Duschanbe geblieben. Nachdem ich den Palmsonntag mit der Gemeinde im 100 Kilometer entfernten Kurgan Tjube gefeiert hatte, putzten wir die Kirche am Montag zu viert für die großen heiligen Tage heraus. Dienstag früh begann ein Einkehrtag für diejenigen Schüler in Duschanbe, die einmal in der Woche zum Religionsunterricht kommen. Es waren über dreißig. Der Tag hatte zwei große Teile. Am Vormittag standen Vorbereitung und Feier einer hl. Messe im Mittelpunkt. Bis zum Mittagessen war außer den notwendigen Worten Stillschweigen vereinbart. Am Nachmittag wurden die Schüler mit einer Katechese auf Gründonnerstag, Karfreitag und Ostern vorbereitet, bevor wir gemeinsam Eier bemalten und das diesjährige Osterhalleluja übten.

Am Abend des Gründonnerstags feierten wir in unserer Kirche einen sehr festlichen Gottesdienst in Konzelebration. Orgel und Glocken verstummten nach dem Gloria in der bekannten Weise. Während die Erwachsenen gleich nach der hl. Messe zur Anbetung vor dem Allerheiligsten in der Kirche blieben, hielten wir mit den Schülern im Alter von sechs bis zwanzig Jahren eine kleine Agape. Dann kehrten auch sie in die Kirche zurück, um zu beten. Ein kleiner Taxi-Bus, den wir bestellt hatten, um die Schüler nach Hause zu fahren, musste unverrichteter Dinge umkehren. Alle Eltern waren selbst geblieben und warteten auf ihre Kinder. Am

Abend haben sie Angst. In den nächsten Tagen geht der Fastenmonat der Moslems zu Ende. Es sind Gerüchte im Umlauf, die an den blutigen Aufstand im Februar 1990 erinnern. Selbst wenn es nicht zu ähnlichen Ausschreitungen kommen sollte, ist die Furcht unter den Nichttadschiken doch groß.

Am Karfreitag begleitete mich wieder Schwester Theresia nach Kurgan Tjube. Diesmal fuhren noch zwei Ministranten im Bus mit, die viele liturgische Dienste übernahmen. Karfreitag ist hier natürlich Arbeitstag. So begannen wir die Liturgie am Abend um 19.00 Uhr. Vierzig Menschen waren gekommen, leider niemand von der evangelischen Gemeinde, die wir eingeladen hatten, weil sie schon so klein ist, dass sie kaum noch zum Beten zusammenkommt. Engagiert lasen die beiden Dreizehnjährigen mit mir die Passion vor. Während der Überleitung zu den Großen Fürbitten fiel im ganzen Stadtviertel der Strom aus. In letzter Zeit passiert das häufiger. Es war schon ziemlich dunkel, als in der Gebetspause der neunten Fürbitte, in der sicher so mancher um Erleuchtung für die hier Regierenden betete, plötzlich alle Lichter wieder angingen.

Karsamstag trafen wir mittags erneut in Duschanbe ein. Hier waren zwei Schwestern gerade dabei, 150 Ostereier zu färben, die wir am Sonntag an die Kinder verteilen wollten. Natürlich gibt es Eier nicht einfach zu kaufen. „Beziehung" heißt das alte Zauberwort im Sozialismus, durch das wir auch unseren qualitativ leider sehr schlechten Messwein bekommen. In der Kirche war schon alles für die Feier der Osternacht bereit.

Verkehrstechnische Gründe zwangen uns, schon um 19.00 Uhr mit dem Gottesdienst zu beginnen. Die Gemeinde hatte sich um das Feuer im Hof versammelt, bevor wir mit „Christus, dem Licht" in die Kirche einzogen. Die Osterkerze hatten wir in letzter Minute bekommen. Gäste aus Duschanbes Partnerstadt Klagenfurt hatten sie mitgebracht. Die Lesungen und die Predigt waren in Russisch, alles andere in Deutsch.

Am folgenden Tag gab es große Verwirrung wegen der Sommerzeit. Weil Moskau in diesem Jahr keine Uhren umstellt, tut es Tadschikistan. Im vergangenen Jahr war es umgekehrt. Nun war da aber wohl ein Fehler unterlaufen. Überall war bekannt gegeben worden: Man stelle die Uhren um eine Stunde zurück! Am Samstag hieß es deshalb: Heute Abend unbedingt Sender Duschanbe hören, der die neue Uhrzeit mitteilt. Der aber schwieg sich aus. Auch am Sonntagmorgen gab es keine Zeitansagen. Wir begannen mit dem Hochamt zur späteren Variante. Um die unverhoffte Morgensonne auszunutzen, so die Zeitung „Kommunist Tadschikistans", baten die Bürger darum, eine Stunde eher mit der Arbeit beginnen zu dürfen ...

Normalerweise haben wir täglich zehn bis zwanzig Kinder in der Abendmesse. Heute waren es nur zwei. Die anderen begleiteten einen Jungen und ein Mädchen, die in der Gemeinde recht beliebt waren, zum Flugplatz: Ausreise.

Nun noch etwas ganz anderes: Am letzten Wochenende besuchte ich die katholische Gemeinde von Marx, ehemals Katharinenstadt, an der Wolga. Marx liegt von hier aus 2.500 Kilometer in Richtung Deutschland. Dort, wo einst eine autonome Republik der Deutschen existierte und 179 katholische Priester wirkten, die unter der Sowjetmacht fast ausnahmslos als Märtyrer gestorben sind, gibt es wieder eine Gemeinde. Menschen, die seit 1941 nach Kasachstan und Sibirien verschleppt worden waren, kehren jetzt heim, nachdem das nicht mehr verboten ist. Sie stoßen jedoch auf aggressive Widerstände. Unter den inzwischen angesiedelten Russen gehen Gerüchte um wie: Deutsche aus Deutschland wollen kommen und die Wolgarepublik wiedererrichten. Drei LKW-Transporte mit Hilfsgütern aus Deutschland, die von der katholischen Kirche verteilt wurden, werden in der Zeitung als hinterlistiges Manöver bezeichnet, um die deutsche Autonomie an der Wolga zu erkaufen. Alte deutsche Großmütter werden auf der Straße geschlagen, nur weil sie Deutsche sind …

Unter diesen Bedingungen betreut Pater Joseph Werth seine Gemeinde, die wächst. Die ehemals nach Kasachstan und Sibirien Verschleppten bringen Kinder und Enkel mit zurück. Die Altersgrenze derer, die noch gut Deutsch sprechen, ist ausgesprochen niedrig. Sie liegt meiner Einschätzung nach bei ca. 25 Jahren.

In Gesprächen, besonders mit den Kindern, konnte ich sofort spüren, dass der Glaube nicht nur in der Kirche, sondern auch in den Familien zu Hause ist. Russen und andere Nationalitäten haben längst Interesse an dieser Kirche gefunden. Einladungen an Pater Joseph liegen aus einem riesigen Umkreis von Marx vor. Auch ihm stehen Schwestern zur Seite, die im tiefsten – nur uns nicht so gebräuchlichen Sinne – Geistliche sind.

Am Samstag erlebte ich dort zwei Taufen, etwa zwanzig Erstbeichten und vier Trauungen. Am Sonntag feierten die zwanzig neu getauften Kinder und Erwachsenen ihre Erste Heilige Kommunion. Anschließend fuhren wir in ein Dorf zu einer Beerdigung. Vorher wurde im Haus des Verstorbenen hl. Messe gefeiert. Dazu waren etwa 35 Menschen gekommen. Der Weg zum Friedhof ging dicht an der gewaltigen ehemaligen katholischen Kirche vorbei, der man den Turm abgerissen hatte und die jetzt irgendeinen „Klub" beherbergt. Die große katholische Kirche in Marx wurde vor erst vier Jahren dem Erdboden gleichgemacht. Nach der Beerdigung fuhren wir mit dem alten Lada gleich weiter nach Saratow. Dort warteten 25 russische Jugendliche auf eine Gesprächsrunde mit Pater Joseph. Das Thema „Was ist Sünde?" hatten sie ihm vorgegeben. Anschließend feierte er mit ihnen die hl. Messe, wohl die erste, die sie je erlebt hatten. Die Anteilnahme war unterschiedlich. Manche schienen nur gezwungenermaßen dabei zu sein. Andere beteten aus ganzem Herzen. Die Gespräche mit den Teilnehmern zeigten mir Reue über eine sinnleere Vergangenheit und Freude über den neuen Weg, den der Glaube anbietet. 23.30 Uhr kehrten wir an diesem Sonntag nach Marx zurück.

Ich möchte heute mit einem Gedanken schließen, den ich von Pater Joseph gehört habe: In den Kolchosen der Sowjetunion verfault viel Frucht, weil sich keiner dafür verantwortlich fühlt und keiner etwas tut. Die Seelen der Menschen in diesem Land dürfen uns nicht ebenso gleichgültig sein. Verantwortung für sie liegt bei jedem, der um sie weiß, bei den einen weniger, bei anderen mehr. Die Ernte ist groß, aber es sind viel zu wenig Arbeiter. Wir brauchen dringend Hilfe!

Duschanbe, 19. April 1991

Endlich gibt es neue Bischöfe in der Sowjetunion, endlich! Einer davon, der für Novosibirsk, ist Joseph Werth aus Marx. Er ist der einzige Priester im Wolgagebiet. Die Leute kann man jetzt nicht alleinlassen. Deshalb werde ich wohl umziehen. 2.500 Kilometer in Richtung Deutschland direkt an die

Wolga. Das wird vielleicht Ende Juni sein. Es gibt zurzeit keinen anderen Verfügbaren, der hingehen könnte.

Es fällt mir schwer, von Duschanbe wegzugehen. Ich wollte denen, die hier bleiben, ja gerade zeigen, dass sie nicht alleingelassen worden sind. Und ich habe sie sehr gern. Aber die Not in Marx ist größer. – Also will ich Gottes Ruf in der Bitte von Pater Joseph sehen und tun, was ich kann. Ich bin dort praktisch Pfarrer, habe eine Gemeinde, die durch den Einfluss ihres Priesters bisher nicht gewagt hat, Ausreiseanträge zu stellen, eine Baugrube mit dem Fundament für eine neue Kirche und ein Schwesternhaus mit Noviziat und Postulat. – Ganz schön viel auf einmal. Dazu die russische Sprache, die ich beherrschen muss. Deutsche sind dort nicht besonders beliebt. Und doch kehren 1941 Vertriebene dahin zurück.

Auch mit einer Reise nach Sibirien wird es nun so schnell nichts werden. Es ist ein Stückchen „Annageln lassen", wenn ich umziehe. Aber Karfreitag hieß es: „Im Kreuz ist Heil". Ich denke, Gott will mich ein paar Schritte weiterführen, also bleibt mir wieder einmal nichts anderes übrig als zu sagen: „Herr, zu wem sollen wir gehen? Du hast Worte des ewigen Lebens." Die Hauptlast trägt er.

Ich war bereits drei Tage in Marx. Auch diese Gemeinde habe ich schon lieb gewonnen.

Es ist vielleicht besser, zum Abschied nicht so viele zu besuchen, sonst klebt das Herz überall fest. Das ist schwer auszuhalten.

Unser Telefon ist seit einem Monat kaputt und wird vorläufig nicht repariert. Es gibt keine neuen Kabel mehr.

Duschanbe, 20. April 1991

Eigentlich wollte ich einen Rundbrief verschicken. Ich habe
auch einen fertig, aber er muss noch geändert werden. Vorläufig komme ich nicht dazu. Es steht zu viel von den mate-
riellen Sorgen der Menschen drin und zu wenig von der
geistlichen Not und unserer Arbeit. Damit kann man zwar
Leute erschrecken, aber bei der deutschen Nachrichtenfülle
vergeht das schnell wieder. Es bleibt kaum mehr als das
Gefühl zurück, Bescheid zu wissen.
Wir haben Besuch von einer Schwester aus Novosibirsk. Sie
sagt, dass es an verschiedenen Stellen in Sibirien plötzlich
Schwierigkeiten mit der russisch-orthodoxen Kirche gibt ...
Mein Thermometer draußen am Fenster zeigt 26°C im
Schatten an. Kein Wölkchen am Himmel zu sehen (nicht
einmal das gibt's mehr). Der Flieder und die Tulpen sind ver-
blüht, aber es gibt noch genug andere Pflanzen, die jetzt
schön sind.
Bis zum 24. Mai ist noch Unterricht in der Schule, dann
beginnen die Ferien. Die Kinder aus dem Religionsunterricht müssen zum Abschluss eine große Prüfung vor mir
ablegen. Statt Zensuren gibt's Geschenke, z. B. Auto-Spiel-
karten, Parfüm für die großen Mädchen, ein Puzzle, Seife,
Kulis usw.

Zweites Kapitel

1991–1995

PFARRER DER WOLGADEUTSCHEN

„Es sind kurze Erlebnisse, die
den ganzen düsteren Alltag wie
Blitze erhellen. Gott meint es gut
mit mir, daran lässt er keinen
Zweifel."

Marx, 20. Juni 1991

Ein erster kleiner Gruß aus Marx.

Es war zum Schluss in Duschanbe alles so schön, wie man
es sich nur wünschen kann, aber eben traurig. In Kurgan
Tjube hat die halbe Gemeinde am Ende der Messe geweint,
rücksichtslos. Mir war doch ähnlich zumute! In Duschanbe
blieben nach der letzten Abendmesse alle Leute da. Es gab
Torte und Tee. Jugendliche brachten Blumen und andere
Geschenke. Auch sie waren sehr traurig.

Am 15.6. morgens habe ich verschlafen. Ich wachte genau in
dem Moment auf, als am Flugplatz der Check-in für meinen
Flug begann, also 90 Minuten vor Abflug. Aber ich habe es
geschafft. Hieronymus und zwei Schwestern begleiteten
mich. Ich bin sehr froh über die feste und tiefe Freundschaft,

die mich mit diesen Schwestern verbindet. Gerade deshalb war es ein schwerer Abschied.

Die vier Stunden im Flugzeug nach Moskau war ich nur äußerlich anwesend. Mit meinen Gedanken war ich noch in Duschanbe. Zwei Stunden später kamen eine unserer Schwestern und eine, die zur Primiz in Duschanbe zu Besuch war, mit dem nächsten Flugzeug nach. Wir trafen uns in Moskau am Flugplatz, gaben mein Gepäck an einem der Bahnhöfe in der Innenstadt auf, brachten die „Gastschwester" in ein Ordenshaus von Mutter Teresa und jagten ans andere Ende der Stadt, wo eine der Schwestern aus Oberkotzau (bei Hof) mit einem Flugzeug der Lufthansa ankam. Mit ihr kehrten wir in das Ordenshaus der Mutter-Teresa-Schwestern zurück. Dort feierten wir in der Hauskapelle zu viert in russischer Sprache hl. Messe. Dann war es schon Zeit, wieder ans andere Ende der 8,5-Millionen-Stadt zu fahren, um den Rest aus Duschanbe abzuholen. Als ich das Flughafengebäude betrat, wurde ich über Lautsprecher ausgerufen und an den Auskunftsschalter gebeten. Ich ging hin, um zu sehen, wer dort auf mich wartete. Und statt der vier Leute, die ich abholen wollte, füllten wir einen Bus mit über 20 Menschen aus Duschanbe, Bischkek (früher Frunse), Novosibirsk, Karaganda und kleineren Orten. Mit diesem schnell gemieteten Bus erreichten wir nachts um zwei Uhr die Schwestern von Mutter Teresa, die nur auf eine Handvoll Gäste eingestellt waren. Die Hausoberin ist eine temperamentvolle Französin. Die Sache klar überblickend, lehnte sie eine so große Zahl von Gästen ab. Für die Novosibirsker war es nach heimatlicher Zeit schon morgens 6.00 Uhr. Sie begannen zu schwanken, weil sie es vor Müdigkeit kaum aushielten. Das Herz der Oberin wurde weich, sie rief mitten in der Nacht das zweite Haus ihrer Schwestern an und besorgte dort eine Unterkunft. Ich bekam mein Quartier im Kämmerchen bei Pater Natale, einem Italiener, den ich schon von Sibirien her kannte. Er besucht regelmäßig die Niederlassungen der Schwestern von Mutter Teresa.

Die Bischofsweihe am nächsten Tag war für mich selber ein entscheidender Gottesdienst, der mich sehr berührte. Ehrlich muss ich zugeben, dass ich darum gebetet habe, dass Pater Joseph nicht Bischof wird. Nicht nur, weil ich sehr an Duschanbe hänge, sondern auch, weil ich weiß, dass er ein sehr, sehr guter Priester ist. Wenn ich nun seine Gemeinde übernehme, dann fühle ich mich wie in einem Blumenbeet, in dem jeder Schritt Schaden anrichten kann.

Als der Nuntius den neuen Bischof dann der versammelten Gemeinde vorstellte und alle klatschten, war mir nicht nach Beifall zumute. Pater Joseph sprach ein beeindruckendes Schlusswort.

Mittagessen gab es im Hotel „Russland", direkt am Roten Platz. Ich lernte in diesen „Moskauer Tagen" wieder neue Katholiken des Landes kennen, unter ihnen auch ein paar Schwestern „unserer" Kongregation. Und ich bin von Neuem froh, hier meinen Platz gefunden zu haben. Für die oberflächlichen Entbehrungen bekomme ich so viel Großes geschenkt, dass ich es mit meinem kleinen Verstand gar nicht fassen kann.

Montag und Dienstag standen wir dann an der Deutschen Botschaft an, um die Papiere für den September-Ausflug zu besorgen. Ohne Erfolg. Bis Dienstagmittag hatte ich Zeit. Wir kamen gar nicht hinein. So viele Leute! Ich versuchte, mit meinem deutschen Pass hineinzugelangen. Man glaubte mir kein Wort. Die Pförtner, oder was sie auch sein mögen, gingen mit den Leuten um wie Raubtierpfleger. Sie hatten keine Geduld und keinen Schimmer von Freundlichkeit, und das als Angestellte der Deutschen Botschaft! Sie erweckten den Eindruck, als ob sie noch vor Kurzem Offiziere bei der NVA gewesen waren.

Dann fuhr ich mit einer der beiden Schwestern aus Duschanbe zum Flughafen. Sie hatte selber in Marx zu tun. Von der anderen verabschiedete ich mich vor der Botschaft. Wir flogen über die bequemere Intourist-Abfertigung (für Ausländer). Hätte sich jemand über meine Begleiterin beschwert, hätte ich sie für meine Dolmetscherin ausgegeben. Auf meinem Flugschein war ein Vermerk, der annehmen ließ, dass ich mit einer humanitären Hilfssendung unterwegs sei.

Dann folgte der fließende Übergang: In Saratow holten uns zwei Schwestern mit dem Auto ab. Die Gemeinde wartete geduldig. Mit einer Stunde Verspätung begann die erste Abendmesse. Und als ich anschließend aus der Kirche kam, standen noch alle etwa 50 Leute dort und begrüßten mich mit Liedern, Gedichten und guten Wünschen. Auch die Kinder hatten alles auf Deutsch vorbereitet. Jetzt war Verschiedenes zu tun, denn in drei Tagen hatten wir Firmung, etwa 150 Firmlinge zwischen zehn und siebzig Jahren. Dazu würde eigens der neue Bischof von Sibirien, der ehemalige Pfarrer von Marx, anreisen, außerdem aber auch der neue Erzbischof von Moskau.

Die Menschen hier sind sehr gütig und fromm, jedenfalls die Wochentagsgemeinde, die ich vorerst kennengelernt habe. Ich schätze, dass täglich 50 bis 70 Menschen zur hl. Messe kommen. Was mich wirklich betrübt, ist der Altar. Ich feiere die hl. Eucharistie mit dem Rücken zur Gemeinde. Noch nie hat mich das so gestört wie hier.

Die Wolga ist ganz nahe. Tausende Frösche quaken am Abend, und eine Heerschaar von Mücken scheint sich gerade über den Neuankömmling zu freuen, dessen Blutprobe zu empfehlen ist.

Schwester Katharina aus Duschanbe bleibt noch vier Tage. Sie sagt mir, was ich „falsch", das heißt anders als mein Vorgänger mache. Die Leute trauen sich noch nicht, zu mir zu kommen, aber ihr sagen sie es. Sie stammt von hier.

Morgen früh fahre ich mit einer Schwester in ein Dorf, um dort zwanzig Kinder auf die Firmung vorzubereiten: Katechese, Beichte, Messe. Mittags kommt Bischof Werth an, und dann wird es eine Menge zu besprechen geben. Auch wollen wir morgen den Freialtar zur Hälfte fertigstellen und die Tomaten und Gurken im Garten umsetzen, damit am Sonntag genug Platz für die Leute ist.

Jetzt ist es kurz vor Mitternacht. Die Haushälterin kann vielleicht nicht schlafen, weil ich mit der Maschine schreibe. Und ein zwanzigjähriger Junge, der für eine Woche hier bei mir zu Besuch ist, weil er irgendwie von einer kriminellen Gruppe loskommen will, die in diesen Tagen etwas vorhat, geht auch noch spazieren. Er wird morgen zum ersten Mal im Leben beichten und am Sonntag die Erste Heilige Kommunion empfangen. Er ist in Ordnung.

Marx, 23. Juni 1991

Heute war Firmung: 154 Firmlinge. Bischof Joseph Werth und Erzbischof Thaddeus Kondrusiewicz haben gefirmt. Am Ende der Messe überreichte mir der Erzbischof die Ernennungsurkunde zum Pfarrer. Das größte Problem sehe ich in der Sprache, die ich noch lange nicht perfekt beherrsche.

Beichte, Umgang mit Behörden u. a. sind dadurch erschwert. Dass viel Arbeit ansteht, ist halb so schlimm. Schön wäre es natürlich, wenn noch Helfer kämen.

1991: *Pfarreinführung Marx*

Auch hier wollen die Deutschen wegfahren. Viele haben möglicherweise nur auf den Moment gewartet, in dem der „strenge" Pater Joseph fortgeht. Wenn das einmal anfängt, wird es wie in den anderen Orten im Land. Was kann ich tun?

Unser Keller steht noch voller Konserven von der letzten Hilfssendung. Niemand wagt, sie auszuteilen, weil sich die Leute fürchterlich darum gestritten und Priester und Schwestern jede Autorität dabei verloren haben. Ich kann nur langsam bei Hausbesuchen etwas verteilen.

Marx, 18. Juli 1991

Vorläufig besuche ich regelmäßig an drei Tagen in der Woche bestimmte Dörfer. Dort versammeln sich Kinder, Eltern und Großeltern, immer so 20–30 Personen in einem Wohnzimmer auf dem Teppich, und dann halten wir Katechese.

1991: *Religionsunterricht Außenstation Marx*

„Wir", das sind die Schwestern und ich. Es geht dabei um Vorbereitung auf Taufe, Beichte, Kommunion oder Trauung. Weil so gut wie alle in der Landwirtschaft arbeiten, ist es schwer, eine günstige Zeit zu finden. In dem Dorf Leninskoje treffen wir uns mittwochs am Abend um halb acht. Das ist zwar immer noch ungünstig, weil da gerade die Kühe hereinkommen (ins Dorf, nicht ins Haus), aber es ist die beste Zeit.

In den beiden anderen Dörfern treffen wir uns mittags um elf bzw. um zwölf. Da haben die Leute ein paar Stunden frei. Jedesmal sind 30–60 Kilometer zu fahren. Das geht problemlos. Unser „Niva" ist ganz gut.

Mit dem Kirchbau wird es vielleicht schon bald vorwärtsgehen. Wir müssen viel beten.

Ein paar von unseren Schwestern, insgesamt sieben, sind zurzeit in Vilnius zu Exerzitien. Eine, die dageblieben ist, hat gestern ihre zeitlichen Gelübde erneuert. Wir waren in der Hauskapelle nur zu viert, aber es war trotzdem sehr feierlich. Zum ersten Mal war ich Zelebrant in so einem Gottesdienst. Am Tag vorher durfte ich den Schwestern einen Einkehrtag halten. Das wird nun jeden Monat ein Mal so sein. Vorgestern hatte ich das Glück, dass alle Anwesenden Deutsch verstanden.

Mit meinem Russisch ist es noch nicht weit her: Am Sonntagabend feierte ich in einem Dorf hl. Messe, wo mich die Leute noch nicht kannten. Ich hatte nicht gesagt, wo ich früher gewohnt habe. Nach der hl. Messe sagte eine junge deutsche Frau zu der Schwester, die mich begleitete: „Ich habe nicht gedacht, dass es heute noch Leute in Russland gibt, die ein so schlechtes Russisch sprechen."

Ich verteile auf meinen kleinen und größeren Reisen immer noch Konserven von der letzten Hilfssendung. Es ist eine Last, weil die Leute so schnell neidisch werden.

In den Dörfern ist oft kein tiefer Glaube. Aber wir nutzen jede Chance, das heißt jede Beerdigung, jeden Wunsch zur Taufe usw., um mit den Leuten in Kontakt zu kommen. Vielleicht ist es besser, wenn sie ohne West-Konserven auskommen. Alles, was sie geschenkt bekommen, lockt sie nur fort von hier. Bei dem Thema „Ausreise" bin ich sehr streng geworden, obwohl ich sehe, dass es nichts hilft. Relativ heimlich bereiten sich die meisten auch hier darauf vor. Wie eine Lawine wird es losbrechen, spätestens, wenn die Sowjetunion ihre Grenzen tatsächlich öffnet. Ein Datum ist ja bereits bekannt gegeben worden. Meine Ansichten in dieser Sache haben sich im letzten Jahr gewandelt, vor Ort. Es tut mir sehr leid, wie wenig den Leuten der Glaube wert ist. Das alles spricht nicht gegen die vielen guten Menschen, die ich auch hier wieder kennenlerne. Aber auch sie werden der Versuchung nicht widerstehen können. Worte im Voraus können sie nicht umstimmen. Tränen im Nachhinein, das heißt in Deutschland, sind zu spät.

Wann ich nach Moskau in die Botschaft fliege, kann ich noch nicht sagen. Erstens bekomme ich keine Telefonverbindung dorthin, und zweitens ist an jedem Tag irgendetwas, weswegen ich hier sein muss. Wenn ich aber erst einmal losfliege, dann brauche ich mindestens 28 Stunden für alles zusammen, denn für den Rückweg bekomme ich in Moskau kein Flugticket. Da muss ich die 900 Kilometer mit der Eisenbahn fahren. Und auch den Schaffner muss man bestechen, damit er einen mitnimmt. Am Schalter ist es aussichtslos, eine Fahrkarte zu bekommen.

Marx, 17. August 1991

Gerade komme ich von einer „Missionsreise" zurück. Gemessen an denen meines Vorgängers war sie nicht besonders lang: Der Kilometerzähler im Auto zeigt an, dass es 1.360 Kilometer waren. Innerhalb von acht Tagen besuchte ich mit zwei von unseren Ordensschwestern sechs Städte und Dörfer, die zwischen 300 und 400 Kilometer südlich von Marx liegen. Ein kleines Territorium auf der Landkarte unserer „Pfarrei". Anfang November möchte ich diese Orte wieder besuchen.

Während ich jeweils bald nach unserer Ankunft mit der hl. Beichte begann, versammelten die Schwestern Kinder, Jugendliche und auch deren Eltern, um sie mit Gott, Glaube und Kirche vertraut zu machen. Dass wir keine Rekordzahlen von Gläubigen und Interessenten vorweisen können, liegt hauptsächlich daran, dass auch hier an der Wolga zum allgemeinen Kofferpacken bei den Deutschen geblasen wird. Der Traum vom Paradies, der Wunsch, besser zu leben, die Angst vor einer korrupten Zukunft, die ins Chaos mündet …? – Teilweise feierten wir dann nach Mitternacht die hl. Messe, immer in irgendeiner Wohnung. Kirchen sind zweckentfremdet oder nicht mehr da. Taufen und Trauungen waren diesmal die Ausnahme. Meist mangelte es am Eifer derer, die drei Monate vorher, als sie das letzte Mal von einem Priester besucht wurden, den Wunsch zum Empfang eines dieser Sakramente angemeldet hatten. Folgendes Beispiel spiegelt etwas von der Situation wider: Eine Schwester bemühte sich gerade, in der Katechese für Sieben- bis Zehnjährige das Kreuzzeichen zu wiederholen, das sie vor drei Monaten mit den Kindern eingeübt hatte, als ich das Zimmer kurz durchqueren wollte. Dann setzte ich mich doch, um die Kinder kennenzulernen. Die Schwester wollte mich vorstellen und fragte die Kinder, wer ich sei. Antwort: „Gott." – Mission!

Wieder zurück in Marx traf ich einen Diakon an, den mir der Erzbischof aus Moskau für ein Praktikum geschickt hatte. Nicht schlecht, dachte ich und hörte mit Freude, dass er unter Umständen bis Ostern bleiben wird. Vor ein paar Wochen war ein Priester aus Italien hier, der gern von Oktober bis Januar helfen kommen möchte. Dann muss er wieder nach Verona, Vorlesungen an der theologischen Fakultät halten. Im September werden mir während meines Deutschlandaufenthaltes die Steyler Missionare hier aushelfen. – Viel Grund zur Freude!

Die Behörden bemühen sich immer noch, mir das Leben schwer zu machen. Mein Visum lief am 7.8. ab. Bis zu diesem Tag zögerten sie eine Verlängerung hinaus. Zweimal musste ich nach Moskau fliegen, um meinen legalen Aufenthalt bestätigen zu lassen. Dann hörte ich über Lautsprecher am Eingang der Meldestelle: „Was, der ist noch hier? Der muss heute schon in Deutschland sein." Inzwischen hat sich alles so weit geklärt, dass ich bis September bleiben darf. – Und ich befürchte nicht, dass Gott dann plötzlich andere Pläne hat …

Marx, 21. August 1991

Eine unserer Schwestern ist innerhalb kurzer Zeit schwer geisteskrank geworden. Wir mussten sie in eine russische psychiatrische Klinik einliefern. Was das heißt?

Die Sechzehnjährige lag mit weiteren 58 psychisch gestörten Frauen in einem Zimmer. Die Suche nach einem Arzt, nach einem „guten" Krankenhaus, nach irgendeiner Hilfe war von so viel Misserfolg begleitet, dass wir wirklich das Gefühl hatten, gegen den Bösen kämpfen zu müssen. Verschiedene Ärzte sagten ein schlimmes Ende voraus, besonders als wir die Jugendliche nach drei Tagen wieder nach Hause holten, gerade bevor ein „Kurs" beginnen sollte, den man dann nicht unterbrochen hätte. – Was wäre von dem Mädchen geblieben? Dann wurden uns Vorwürfe gemacht wegen dieser „Tat", mit Drohungen bis hin zur Anzeige bei Gericht. Wir suchten weiter, täglich von früh bis spät. Nachts konnten die anderen Schwestern nicht schlafen, weil die junge Mitschwester plötzlich aufstand und nicht wusste, was sie tat.

Heute haben wir zum ersten Mal ein wenig Hoffnung: Morgen sind wir beim besten Psychiater vom ganzen Gebiet Saratow. Wir beten um ein Wunder.

Der Kirchbau geht nicht weiter. Für's Auto habe ich noch kein Nummernschild. Auch „die besten" Familien stellen heimlich Ausreiseanträge. Mit meinem Visum gab es neue Schwierigkeiten. Nach Duschanbe bin ich nicht geflogen. Mein Russisch macht keine Fortschritte. Es ist keine Zeit. Aber ich komme mit weniger Schlaf als in Duschanbe aus und kann trotz aller Sorgen wieder sagen, dass ich sicher am Platz meiner Berufung bin. Es sind kurze Erlebnisse, die den ganzen düsteren Alltag wie Blitze erhellen. Gott meint es gut mit mir, daran lässt er keinen Zweifel.

Marx, 29. August 1991

Es ist Donnerstagabend, und es war wieder einmal ein sehr wichtiger Tag:

Morgens um 1.00 Uhr kam ich aus Moskau nach Hause. Dort hatte ich in der Botschaft wegen unserer Reise zu tun. Alles ging überdurchschnittlich gut. Nach den vielen Sorgen der letzten Zeit war das eine richtige Erholung, auch wenn ich nur einen Tag in Moskau war. Außerdem traf ich drei der Schwestern aus Duschanbe wieder, zum ersten Mal seit meiner Abreise am 15. Juni. Wir haben uns alle sehr gefreut.

Schon in den nächsten Tagen wird ein slowakischer Priester aus Bratislava nach Samara gehen, das heißt, der ganze Norden unserer Gemeinde wird sein Seelsorgegebiet. Das erspart mir Autostrecken von bis zu 700 Kilometern. Er sieht sich aber das Ganze erst einmal an. In Saratow war auch schon einer zum „Anschauen". Er hat dann abgesagt.

Die Schwestern von Mutter Teresa habe ich auch in Moskau gesprochen. Ich lud sie nach Saratow ein. Sie möchten kommen! Einen Priester bringen sie dann vielleicht gleich mit.

Heute früh habe ich verschlafen. Wir hatten in den letzten Tagen von früh bis spät mit der erkrankten Kandidatin zu tun. Sie liegt jetzt in einer Klinik, die wesentlich besser als die erste ist: Nur noch 13 Leute in einem Zimmer. Weil ihre Einlieferung ein bisschen nach „Beziehung" aussah, behandelt man sie besser als alle anderen. Sie bekam sofort eine Decke und ein Kissen, was andere nicht haben ... Zehn Minuten vor acht wachte ich auf. Nach dem Frühstück musste ich zur Post. Auslandspakete werden nur persönlich ausgehändigt. Dann kamen auch schon gleich zwei junge Brautleute zum Gespräch. Halb zwölf fuhr ich mit einer Schwester nach Milliarator zur Katechese. Sechs- bis Achtzigjährige versammeln sich für gewöhnlich in diesem 25 Kilometer entfernten Dorf.

Als wir zurückkamen, gab es hier gleich Mittagessen. Anschließend brachte ich einen Diakon nach Saratow zum Flugplatz. Er hatte mir in den Ferien ausgeholfen. Es war eine schöne Zusammenarbeit. Er ist Deutscher. Heute flog er nach Vilnius zu seinem Ordensoberen (Jesuit), von dort fährt er weiter ins Seminar nach Riga. Auf dem Rückweg musste ich mich sehr beeilen, denn um fünf Uhr sollte hl. Messe sein: Requiem für alle, die durch den Erlass vom 28.08.1941 ums Leben gekommen waren. Fünf Minuten vor fünf war ich noch zwei Kilometer vor Marx und wusste, dass ich es schaffe. Auf den Niva ist Verlass.

Nach dem Requiem fuhren die meisten aus unserer Gemeinde zum Kulturhaus. Weil ich gestern in Moskau war, hat man die Gedenkveranstaltung zur 50. Wiederkehr des Tages, an dem die Deutschen von der Wolga vertrieben wurden, auf heute verschoben. Während der zwei Stunden meiner Vorredner bereitete ich meine Ansprache vor. Die Leute neben mir dachten, ich mache mir Notizen zum Gesagten. Die Bühne war mit roten Tüchern ausgestaltet, dazu schwarze Spruchbänder. Vor der Bühne stand eine sowjetische Fahne. Kinder unserer Gemeinde sangen nach meiner „Rede" ein Lied in Deutsch, eins in Russisch. Dann sagte ich, dass wir jetzt beten und wer es nicht könne, solle trotzdem auch aufstehen. Der ganze Saal betete das Vaterunser.

Kurz vor zehn war ich zu Hause, eher als meine Haushälterin. Also hatte ich einmal Gelegenheit, das Abendbrot vorzubereiten.

Was ich noch vergessen habe: Heute kam ein Telegramm aus Berlin: „Deutsche Botschaft in Moskau hat von Seiters Anweisung, bei der Visabeschaffung zu helfen ..." Kanzleramtsminister Seiters möchte uns helfen, dass wir vielleicht doch noch nach Rom fahren können. Eigentlich war die Reise in den letzten Tagen praktisch abgeblasen worden. Es gibt viele gute Menschen auf der Welt!

Morgen halte ich wieder einen Einkehrtag bei unseren Schwestern. Übermorgen ist Kindermesse mit Segnung der Schulanfänger, Sonntag nach der hl. Messe fahren wir nach Saratow und von dort aus geht es mit dem Zug nach Moskau weiter (18 Stunden ausschlafen!). In Moskau werden endlich alle Papiere und Fahrkarten bereitliegen, die wir für die Reise nach Rom benötigen.

Marx, 10. Oktober 1991

Ab Montag bekommen wir alle zwei Tage Steine für die Kirche. Die müssen wir dann allerdings bewachen. Zurzeit wird alles gestohlen. Autos verschwinden von der Straße wie nicht angeschlossene Fahrräder. Die Steine müssen wir draußen vor unser Grundstück legen, direkt an die Straße, weil innen kein Platz ist.

Endlich habe ich die ersten Hausbesuche gemacht. Immer war es beim Vorsatz geblieben. Aber es ist sehr wichtig.

Die Behörden in Saratow haben mir heute zu verstehen gegeben, dass alle meine Wege nach Moskau (Botschaft, Bischof) umsonst waren. Ich bekomme keinen Ausländerpass. „Wer hat jemals etwas anderes gesagt?!", fragten sie.

Marx, 18. Oktober 1991

Morgen früh fahren wir erst einmal 600 Kilometer auf unserer Missionsreise nach Norden. Diesmal nehme ich zwei Schwestern mit.

Die Reise nach Duschanbe verlief folgendermaßen: Am Flugplatz hieß es am Sonntagnachmittag: Kein Flugwetter (Nebel). Also fuhren wir zum Bahnhof. Der Abendzug nach Moskau wollte niemanden ohne Fahrkarte mitnehmen, die aber waren schon 10 Tage vorher ausverkauft. Erst bettelten die drei Schwestern beim Oberschaffner um Fahrkarten für uns. Dann sagte die eine zu uns: „Geht ihr, und fragt mit eurem lustigen Russisch noch einmal!" Und das hat dann tatsächlich geklappt. Für je DM 5,– fuhren die Oberin und ich nach Moskau (900 Kilometer). Schon früh um halb zehn waren wir dort. Die Schwester fuhr weiter zu ihrer Oberin nach Weißrussland und ich stieg eineinhalb Stunden nach Zugankunft ins Flugzeug nach Duschanbe. Zwischendurch musste ich 60 Kilometer mit dem Taxi fahren und einen Flugschein kaufen, nachdem die anderen Leute alle schon durch die Abfertigung waren; Freundschaftspreis: DM 150,– und 60 Rubel. Aber es kommt noch schlimmer: In Duschanbe wollte man sich gar nicht mehr auf Rubel einlassen. Für den Rückflug nach Saratow verlangte man DM 449,–, das sind fast 10.000 Rubel! Ein Sowjetbürger zahlt für die gleiche Strecke 151 Rubel! Typisch deutsch! So viel vom Geld geredet! Es war eine große Freude, in Duschanbe zu sein. Die Schwestern und die Jugend haben sich genauso gefreut wie ich. Mir schien, dass es dort in der letzten Zeit wenig Grund zur Freude gab. Die Gemeinde stirbt langsam aus.

In Saratow gehen die Schwierigkeiten mit den Behörden weiter. Vorgestern wurde ich wieder vorgeladen. Eine aufgeputzte junge Frau saß am Schreibtisch. Aus ihr sprach so viel Kälte, wie man sie sich für eine gute Schauspielerin in einem Film über den sowjetischen Geheimdienst wünscht. „Wer zu spät kommt, den bestraft die Geschichte", sagt Gorbatschow. Das hat man hier an der Wolga noch nicht begriffen. Freitag war wieder eine Demonstration in Marx gegen die Deutschen bzw. gegen die Deutsche Wolgarepublik.

In den Betrieben wird – wie in der DDR – „Solidaritätsbeitrag" von einem Kassierer eingesammelt, um die Fahrkarten einer Delegation zu bezahlen, die nach Moskau gefahren ist. Dort soll sie den Wunsch der Bevölkerung von der Wolga bekunden: Man wolle keine deutsche Herrschaft. Keiner traut sich, nicht zu bezahlen, ich glaube, sogar unsere Leute beteiligen sich.

Bischof Joseph Werth ist zurzeit da. Es ist schön für die Gemeinde, dass der Kontakt weiter besteht, obwohl ich sagen muss: Sie werden ziemlich verwöhnt. Fast jeden zweiten Monat kommt der Bischof. Ein Diakon ist da. Gäste aus Italien, Österreich und Irland waren hier. Es wird eine Kirche gebaut. – Ist das nichts!?

In Duschanbe gibt es kein Brot! Vier Stunden müssen die Leute anstehen, um nur ein kleines Stück zu bekommen. Das Mehl ist ausgegangen – und das schon vor Winterbeginn! Großmütter schlagen sich hier in den Geschäften um Konserven! Es fällt mir manchmal schwer, so streng zu den Leuten zu sein wie am vergangenen Sonntag. In der Predigt sprach ich von der Versuchung des Reichtums, von den vielen Ländern auf der Welt, in denen die Menschen noch ärmer sind als in Russland, und vom Hierbleiben. Auch unsere Gemeinde ist vom Aussterben bedroht. Ich fürchte nicht um meine Arbeitsstelle, aber um viele von den Menschen habe ich Angst. Sie werden den Glauben in Deutschland verlieren oder auf ein für sie heute unvorstellbares Minimum beschränken, wie es dort üblich ist.

Sehr, sehr gern denke ich an die schöne Reise im September zurück. So etwas wird wahrscheinlich nicht wieder passieren. Aber dass es überhaupt möglich war, stimmt mich nachträglich noch froh. Ich hoffe, dass die Erinnerungen auch für die Schwestern und für die, denen wir begegnet sind, ein Schatz bleiben werden, von dem sie in schlechten Zeiten zehren können.

Marx, 29. Oktober 1991

Vom 19. bis 26. Oktober begleiteten mich zwei unserer Ordensschwestern durch den Norden unserer „Pfarrei". Viermal im Jahr haben die Gläubigen dort Gelegenheit, zur hl. Messe zu gehen. Wir melden uns vorher mit einer Postkarte an, laden unseren Niva voll mit katechetischem Material und mit allem, was wir für eine solche Missionsreise brauchen, und dann geht es los.

Diesmal waren es 1799 Kilometer, die wir zurücklegten. Täglich besuchten wir eine andere Gemeinde im Gebiet Samara, dann in Tartarien und Baschkirien. Ein Kurzbesuch im Quartal reicht aber bei Weitem nicht aus. Die Freude am Glauben ist vielen noch nicht in Fleisch und Blut übergegangen. Die Alten kommen, weil sie schon viel schwerere Zeiten treu durchgestanden haben, aber es fehlt ihnen heute oft die Kraft, den Glauben an die folgende Generation weiterzugeben. Die Jungen kommen oft mit dem Wunsch, ein Kind taufen zu lassen. Man müsste bei ihnen sein, dann würden lebendige Gemeinden wachsen können. Sie brauchen Hilfe. – Nach dieser Reise kann ich konkret sagen: Allein dort im Norden hätten wir Arbeit für fünf Priester und weitere Helfer. Die Leute können nichts dafür, dass sie nichts vom Glauben wissen. Die Situation lässt sich nicht mit Deutschland vergleichen. Warum kommt keiner?

Anstelle eines Reiseberichtes möchte ich nur von den letzten Tagen der Fahrt erzählen. Als wir das landschaftlich schöne Grenzgebiet zwischen Tartarien und Baschkirien durchquerten, erblickten wir bei einer Ortseinfahrt ein sehr großes, kirchenähnliches Gebäude im Rohbau, eine Moschee. Dort ergab sich ein freundliches Gespräch mit etwa fünfzehn jungen Männern, die sich zum Unterricht versammelt hatten. Der Mulla führte uns bis hinauf aufs Minarett. Wir erfuhren, dass es in der Nähe einen deutschen Kolchos gäbe, 50 Kilometer entfernt. Die Schwestern ließ der Gedanke – wie in früheren Zeiten, als sie all diese kleinen Gemeinden ausfindig machten – nicht mehr los: Vielleicht gibt es dort auch Katholiken? Ich selber muss ehrlich zugeben, dass ich schon chronisch müde war: Beichten, Gottesdienste, Gespräche und zum Ausgleich die schlechten Straßen unterwegs. Eine Entscheidung fiel mir schwer: Am Wochenende wollte ich in Marx sein, aber das unbekannte Dorf gewann magische Kraft. Kurz: Der Heilige Geist hatte gesiegt, während unsere Fahrt ins Ungewisse sich fortsetzte. Etwa 30 Kilometer vor Ufa bogen wir von der Magistrale ab. Bald durchfuhren wir das erste Dorf und bekamen die Bestätigung: Ja, dort wohnen lauter Deutsche. Das zweite Dorf machte einen saubereren, friedlichen Eindruck. Wir sprachen eine Großmutter an, die vor ihrem Haus saß, und schon im zweiten Satz sprach sie Deutsch: Wir sind hier lauter Protestanten, aber weiter, in Alexejewka, gibt es Katholiken. Nun waren wir gespannt.

Alexejewka, früher Rosenfeld, wurde 1906 gegründet. Deutschen aus der Ukraine wurde dieses Land nach einer Hungersnot in der Heimat zugewiesen. Seitdem liegt es wie eine Insel zwischen großen Feldern, mitten in Russland. Ich sprach mit kleinen Kindern auf der Straße Deutsch! Ihr Dialekt erinnert an Österreich. „Hier gibt es Katholiken?" – „Wir sind alle Katholiken!" – „War schon einmal ein Priester hier?" – „Das wissen nur die Großmütter." – „Wer hat euch getauft?" – „Wes Agatha. Und zwei andere Frauen taufen noch." Wir fragten nach Wes Agatha. Sie stand gerade in der Schlange nach Bonbons an. Sie kam gleich, war aber sehr misstrauisch. Den letzten Priester hatte sie 1930 hier im Dorf gesehen. Damals war die Kirche schon zerstört. Er kam in eine Wohnung, hat ein Paar getraut. „Wo können wir uns mit allen Leuten treffen und wo übernachten?" Zwei Kinder begleiteten uns zu Paulina, einer Witwe mit einem großen Haus. Bald danach kamen 25 Erwachsene und ein Kind. Es war schon dunkel, wir waren etwas zu spät gekommen. Jetzt war es nicht mehr möglich, das hundertprozentig „katholische" Dorf zusammenzutrommeln.

Die meisten waren jünger als 60 Jahre und hatten noch nie im Leben einen Priester gesehen. Das sechsjährige Mädchen konnte ein deutsches Gebet wie ein Gedicht aufsagen, die Älteren waren schon beim Kreuzzeichen unsicher. Niemals hatten die drei Großmütter, zu denen man die Kinder zum Taufen brachte, gebeichtet oder die hl. Kommunion empfangen. Die Taufformel kannten sie aus einem alten Gebetbuch. Meine Katechese begann ich mit dem Wort, das allen geläufig war: „Wir sind katholisch." Nach 20 Minuten begannen die Zwischenfragen, und bald darauf musste ich nicht mehr nach Themen suchen, sondern zusehen, dass ich die gestellten Fragen, eine nach der anderen, beantwortete. Schwerpunkte waren: Kreuz, Beichte, Luther, Ehelosigkeit. Genug für den Anfang! Ich selber lenkte dann auf etwas Konkretes: Das Vaterunser. Wir hatten Kopien mit den Grundgebeten vorbereitet, einmal mit lateinischen, einmal mit russischen Buchstaben, denn unserer Erfahrung nach können viele Deutsch nicht lesen. Hier im Dorf hätten wir auch noch eine Variante in gotischer Schrift gebraucht. Jeder suchte sich seine passende Version aus, dann beteten wir gemeinsam. Für den nächsten Morgen verabredeten wir uns um 9.00 Uhr zur Gräbersegnung auf dem Friedhof. Was heilige Messe ist, wusste keiner. Beim nächsten Mal werden wir darüber sprechen. Eine Familie lud mich zu sich ein. Die Schwestern blieben bei Paulina. Noch am Abend erfuhr ich von manchem Aberglauben, der sich im ganzen Dorf verbreitet hat. Es gibt viel zu tun! Auch kam noch ein Anruf von einer Art Bürgermeisterin, die mich für den nächsten Morgen in die Schule und in den Kindergarten einlud.

Zur Gräbersegnung kamen 30 Leute. Ich predigte über den heiligen Bonifatius, der es schwer hatte mit den abergläubischen Germanen. Wie lange wird es hier dauern, bis die Gläubigen ihren Glauben kennen? Noch nie wurden hier Gräber gesegnet. Eine schon sehr alte Großmutter flüsterte am Grab ihres Mannes: „Nie hätte er mir geglaubt, wenn ich ihm gesagt hätte, dass noch einmal ein Pater an seinem Grab steht und es segnet."

In der kleinen Dorfschule gibt es nur Unterricht für die Klassen 1–4. Von den drei Lehrerinnen ist nur eine Deutsche.

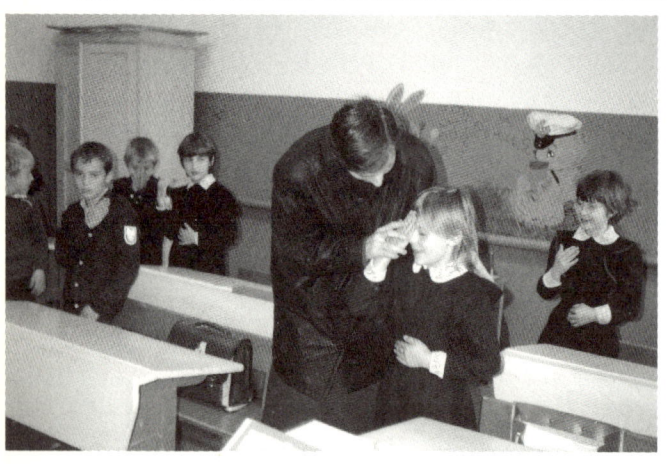

1991: Alexejewka, Schule

Die erste und die vierte Klasse werden in einem Zimmer gemeinsam unterrichtet, leider nur eine Stunde am Tag in deutscher Sprache. Als wir kamen, wurde der Unterricht unterbrochen, und ich durfte mit den Kindern sprechen. Als ich das Zimmer der dritten Klasse betrat, hatten die Schwestern schon einige Vorarbeit geleistet: Die Kinder kannten bereits das Kreuzzeichen.

Noch bevor ich mir den Kopf darüber zerbrechen konnte, was ich wohl mit den Kindern besprechen werde, schlug eine Schwester vor: Lehren Sie die Kinder das Vaterunser! Also begann ich, es an die Tafel zu schreiben. Die Schüler lasen Wort für Wort im Chor. Da sie sehr gut Deutsch verstanden, konnte ich die Stunde etwas auflockern. Ich musste mich nicht an ein Konzept klammern, wie es in meinen russischen Katechesen üblich war. Überall bat man uns wiederzukommen.

Alexejewka ist 800 Kilometer von Marx entfernt ... Jemand muss helfen! Und wenn sich niemand findet, werde ich wieder hinfahren, ich hoffe, innerhalb der nächsten sechs Monate. Es gibt noch über dreißig andere Orte, die ebenfalls auf einen Besuch warten. Was kann ich tun? Wie viele „Alexejewkas" wird es noch geben?

Natürlich habe ich diese Zeilen nach Mitternacht geschrieben. Keine Angst! Ich weiß schon, dass ich Gott alles in die Hände legen darf, was nicht fertig wird. Das tue ich auch. In seine Hände lege ich auch die Bitte um Helfer, besonders um Priester. Lässt sich niemand finden?

Marx, 11. November 1991

Anfang letzter Woche brachte ich unseren Diakon nach Sow-
jetskoje, ehemals Mariental. Die direkte „Straße" ist im Winter unpassierbar. Nicht einmal Traktoren kommen bei jedem
Wetter durch. Also fuhren wir über Engels, was einen
Umweg von 150 Kilometern bedeutete. Der Diakon arbeitete mit vier Gruppen, die er selbst für den Unterricht gewonnen hatte: Kinder, Jugendliche, junge Erwachsene und Alte.
Auch holte er Informationen über die noch stehende Kirche
und das Pfarrhaus ein. Jetzt werden die Gebäude als Jugend-
klub und Rathaus genutzt. Es waren Ferien. Gestern kam er
wieder und berichtete eifrig. Ich denke, ein Stück seines
Herzens hängt nun an den Leuten dort. Er sagte, man müsste schnell wieder hinfahren, damit nicht verloren gehe, was
begonnen sei. Auch die zwei Schwestern, die zur Mission in
Kalinowka (Richtung Wolgograd) waren, kamen heute früh
zurück. Die ganze Nacht über waren sie unterwegs. Dort
sieht es genauso aus. Kinder, die bei unseren Kurzbesuchen
nicht einmal das Kreuzzeichen lernten, kennen jetzt fast den
ganzen Katechismus. Aber wenn nicht bald jemand hinfährt
und weitermacht, vergessen sie alles.
Weil Ferien waren, durften die Schwestern in der Schule unterrichten. Ich selber war gestern Abend zum zweiten Mal,
seit ich hier bin, in Polekowskij, einem neuen Dorf, 60 Kilometer von Marx entfernt. Dort haben sich in den letzten Jahren viele Deutsche aus Kasachstan angesiedelt. Und dort
habe ich die gleiche Erfahrung gemacht: Man müsste ständig da sein, jedenfalls eine Zeit lang ... Aber was sollen wir
tun ohne Mitarbeiter?
Hier in Marx wurden nach einem Besinnungstag zehn Mäd-

chen und ein Junge in die Marianische Kongregation (GCL) aufgenommen. Bei dieser Gelegenheit habe ich die Kinder besser kennengelernt und glaube, dass in vielen von ihnen eine größere geistliche Berufung schlummert, die man wecken muss. Aber auch dafür brauchen wir Zeit und gute Helfer. Zwei Kinder kamen nicht, weil kein Autobus fuhr. Wir haben zurzeit häufig Glatteis. Ganz traurig warten sie nun, bis ich ihnen ein Aufnahmedatum in die GCL nennen werde. Es wird schon bald sein.

Saratow ist die größte Stadt in der Nähe. Dort haben wir echte Sorgen mit der kleinen katholischen Gemeinde: Ein griechisch-katholischer Priester, keiner weiß, woher er wirklich kam, war dort drei Wochen im September tätig und behauptete, er hätte sein Tun mit mir abgesprochen. Ich wusste aber von nichts. Ein anderer Priester, der im Untergrund geweiht wurde, besucht seit Jahren regelmäßig eine Gruppe von Akademikern in der Stadt, die er selbst in Moskau getauft hat. Erstmals war er vor ein paar Tagen bei mir, wahrscheinlich wegen eines Studiums im Auftrag seines Bischofs. Seine Gruppe hat kein Interesse an einer Verbindung zur katholischen Gemeinde an der Wolga, wie eine Sekte, aber nicht katholisch. Der Leiter der Gruppe selbst war gestern hier. Warum? Weil er Vorsitzender der katholischen Gemeinde von Saratow werden möchte und morgen zum Rat der Stadt gehen will, um die katholische Gemeinde registrieren zu lassen. „Welche Gemeinde?", frage ich mich. Ich habe ihm die Erlaubnis nicht gegeben. Eine Registrierung ist in Vorbereitung, aber auf anderem Wege. Und eine zweite Registrierung steht bevor: Der griechisch-katholische Priester will Ende November wiederkommen und eine Gemeinde registrieren lassen. Damit macht er alle bisher Römisch-Katholischen zu seinen Schäfchen, so scheint der

Plan auszusehen. So ein Durcheinander! Wir brauchen dringend einen ständigen Priester für diese große Stadt.

Nach dem Mittagessen fahre ich nach Saratow. Busfahrscheine gab es heute keine, also versuche ich es per Anhalter. Von dort geht es abends mit dem Schnellzug weiter nach Moskau. Flugzeuge fliegen nicht alle Tage. Oft ist Nebel. Nach 15 Stunden werde ich in Moskau sein und mich mit dem Erzbischof treffen. Ich habe eine Liste von Fragen, Bitten und Vorschlägen. Kommende Nacht werde ich schon wieder im Zug nach Saratow sitzen. Hier ist ja sonst niemand.

Marx, 27. Dezember 1991

Weihnachten in Marx. Wir hatten das passende Wetter: Klarer Himmel, Schnee, -22°C. Zur Kindermesse am 24.12. um 18.00 Uhr kamen 230 Kinder, weniger als angenommen. Das lag zum einen daran, dass wir nicht so viel Werbung wie im vergangenen Jahr gemacht hatten, zum anderen gab es keine Busse - kein Benzin – und außerdem greift der Traum vom Ausreisen um sich. In dieser Kindermesse wurde das Stroh eingesammelt, das die Kinder im Advent angehäuft hatten. Je ein Strohhalm stand für ein gutes Werk. Die sechs besten bekamen besondere Geschenke: Die kleinen Kinder je einen Puppenwagen, die ersten Puppenwagen, die man je in Marx gesehen hat. Selbst unsere Schwestern waren geneigt, damit zu spielen. Die größeren bekamen: eine Marienstatue, einen Rosenkranz vom Hl. Vater und ein Bild mit den „betenden Händen" von A. Dürer. Eine Kindergruppe führte dann das diesjährige Krippenspiel auf. Die Texte sprachen sie auf Russisch, gesungen wurde auf Deutsch. Dann kam das Christkind, ein besonderer Brauch bei allen Russlanddeutschen: Eine junge Frau in einem weißen Kleid, ganz verschleiert, sang den Kindern etwas vor, stellte Fragen aus dem Katechismus, ließ sich Weihnachtsgedichte aufsagen und Lieder vorsingen. Zuletzt wurden dann die Namen unserer 100 Kinder verlesen, die regelmäßig zur Kirche kommen. Sie bekamen außer der Schokolade, die vom letzten Jahr noch übrig war, – in kluger Voraussicht hatte man sie aufgehoben, denn in diesem Jahr kam fast nichts – eine Weihnachtskarte mit musikalischem Gruß, wenn man sie öffnete, und einen Kugelschreiber. Anschließend durften sich auch die übrigen 130 anstellen.

Dass wir den halben Tag ohne Strom blieben, war offensichtlich eine Aktion gegen die Deutschen. Nur drei Häuser, darunter die Kirche, waren vom Netz getrennt. Als wir beim zweiten Anruf im Elektrizitätswerk darauf hinwiesen, kam der Strom in dem Augenblick wieder, als wir den Hörer auflegten.

Die Krippe steht direkt unter dem Altar. Kleine Kinder kommen allein zum Altar, knien sich hin, beten und gehen wieder zu den anderen, um weiterzuspielen. Es gibt einen Keller, in dem die Katechesen gehalten werden und wo der Treffpunkt für die Kinder ist. Andere Räume stehen uns nicht zur Verfügung.

Bei der Christmette um 24.00 Uhr waren so viele anwesend wie sonst zur Sonntagsmesse. Zwei Busse aus entfernten Dörfern waren gekommen, leider sehr wenig. Aber es war festlich. Die kleinen Kinder waren schon zu Hause.

Als Weihnachtsgeschenk für die Gemeindemitglieder konnte ich ein kleines Gebetbuch verteilen, das in München gedruckt wurde und viele Gebete enthält, die unsere Leute gut kennen.

Am 25.12. war morgens und abends Messe. Es ist ja Arbeits- und Schultag. Die Kinder hatten aber frei. Jedem, der gern wollte, hatte ich eine Bitte um Freistellung von der Schule geschrieben. Damit sind wir weiter als die Gemeinden in Moskau! Dort hat sich in diesem Jahr keiner dazu durchgerungen. Am 2. Feiertag nach der Abendmesse führten die Kinder noch einmal ihr Spiel auf, diesmal ohne Mikrofon vor einer andächtigen Gemeinde, so schön, dass wir danach noch dankbar mit allen vor der Krippe gesungen haben.

Ein paar neue Leute konnten wir durch dieses Weihnachtsfest wieder dafür begeistern, bei uns mitzumachen. Die Oberin der Schwestern trifft sich regelmäßig mit ihnen zur Katechese (Tauf- bzw. Beichtvorbereitung). Es sind aber weniger Neue als in den Vorjahren. Der Schub der vielen Zugezogenen bzw. der Eifer der ersten Jahre mit einem Priester ist vorbei. Jetzt lässt sich die Gemeinde überschauen. Wenn man versucht, realistisch in die Zukunft zu blicken, sieht es nicht gut aus. Ich denke, sie werden ausreisen ... Ich kann gar nichts dagegen unternehmen. Die Seelen dieser guten Menschen werden arm werden. Das ist schade.

Heute schneit es schon den ganzen Tag, das heißt, es ist nicht so kalt, nur -15°C. Gestern habe ich den Diakon nach Saratow zum Flugplatz gebracht. Dabei ist das Öl im Auto fast eingefroren.

Mit den Schwestern habe ich zweimal Weihnachten gefeiert: einmal am 25.12. mittags, aber da waren alle unheimlich müde, und einmal gestern Abend. Das Christkind brachte ihnen die großen Fotos von Rom, die Kugelschreiber usw. Zu mir kam das Christkind auch. Noch ein anderes Christkind hat den Schwestern einen ganzen Karton voll Speiseeis über den Zaun geworfen. Dort lag es den ganzen Tag, bis es eine von ihnen zufällig im Dunkeln fand.

Marx, 19. Juni 1992

Mit unserem neuen Kleinbus, den wir einem großzügigen Spender aus Deutschland verdanken, haben wir die größte Missionsreise aller Zeiten gemacht. Acht Tage lang bereisten wir das „Dreibischofs-Eck": Europäisches Russland, Kasachstan und Sibirien. Manche Stationen der Reise findet man auf der Karte, denn es sind größere Städte: Buldurta (Kasachstan), Aktjubinsk (Kasachstan), Batamscha (Kasachstan), Orsk (Sibirien), Nowotroizk (Sibirien), Orenburg (Europa), Kolchos Drushba und Fjodorowka (Russland), Tal-

1992: *Missionsreise Kolchos Drushba*

dybulag (Kasachstan) und Gosplemstanzija (Kasachstan). Alles in allem 3.062 Kilometer, davon 160 Kilometer gute Straße …

Die beiden Kolchosen sind deutscher als Alexejewka. Schwester Helena hielt Katechesen in Russisch. Aber in den Pausen sprachen die Kinder untereinander Deutsch! Während der hl. Messe bat ich einen Ministranten um etwas auf Russisch. Er antwortete: „Woos?" – Was? Der einzige Russe im Dorf ist der Chef vom Kolchos, er schenkte mir 40 Liter Benzin. Auf der ganzen Reise bekamen wir an keiner Tankstelle auch nur einen Liter, nur von den Leuten, bei denen wir wohnten. Wir fuhren stundenlang durch die Steppe. Im Straßenatlas sehen die Strecken aus, als wären es Autobahnen, in Wirklichkeit muss man vom Splitt aufs Gras ausweichen, wenn einem ein Fahrzeug entgegenkommt. Etwa zwanzigmal haben wir zu hart aufgesetzt. Ich habe mir Mühe gegeben, vorsichtig zu fahren, aber nicht alle Löcher waren rechtzeitig zu sehen. Einmal hoben wir ab mit allen Vieren. Die Landung war absolut weich. Auf einem Abschnitt, der frisch mit Pech begossen war, kam der Kleinbus leicht ins Schleudern. Nicht weiter tragisch.

In Fjodorowka gab es so viel Arbeit, dass wir erst nachmittags weiterfuhren. Die nächste Station war über 300 Kilometer entfernt. Es wurde Nacht. Dunkel ist es erst um Mitternacht, aber wir fuhren noch länger. Dann standen wir vor der Frage, ob wir das Dorf in der Steppe suchen – Wegweiser gibt es nämlich nicht – oder einfach ins Gras reinfahren und schlafen, bis es hell wird. In diesem Moment wollten uns zwei Kasachen stoppen, die mit einem Lkw am Straßenrand standen. Wir fuhren weiter, weil bei solchen Gelegenheiten schon viel Schlechtes passiert ist. Sie sprangen in ihren LKW, holten uns schließlich ein und stoppten uns mit einer dicken Staubwolke. Sofort erkannten sie, dass wir Deutsche waren, und wollten uns erklären, dass wir das gesuchte Dorf gar nicht finden könnten, weil es im Frühjahr umbenannt wurde. Ein Wegweiser stünde an der Straße, wir wären schon 26 Kilometer zu weit gefahren. Wir sollten umkehren, und wenn wir es nicht glauben, sollten wir wenigstens den einen mit in die nächste Stadt nehmen. Sie hatten uns nicht belogen. Gegen halb zwei nachts sahen wir ein paar Lampen, die zum Dorf gehören konnten. Aber wie sollten wir jetzt jemanden finden? Wir fuhren schließlich doch hinein und trafen einen Tierarzt, der gerade unterwegs war. Er kannte die Leute, zu denen wir wollten, kletterte über das Hoftor und klopfte das ganze Haus wach.

In Aktjubinsk steht eine richtige schöne Kirche. Aber die Bewohner sind schon fast alle weg. Seit einem halben Jahr ist kein Priester mehr dort. Keiner fühlt sich für die Gemeinde verantwortlich. Es gäbe viel Arbeit.

Um Orenburg herum gibt es vier oder fünf deutsche katholische Dörfer, außerdem evangelische und mennonitische Gemeinden. Wenn ich wenigstens einen guten Priester hätte, der mir hilft, dann könnte ich Verschiedenes voranbringen, aber so …

Der Kirchbau hat während meiner Abwesenheit begonnen, zwei Handwerker aus Riesa sind da, vielleicht für lange Zeit. Sie helfen mir gut. Trotzdem habe ich dauernd irgendetwas mit dem Bau zu tun. Die Woche in der Mission war diesbezüglich eine echte Erholung, auch wenn wir nur zwei, vier oder manchmal knapp sechs Stunden geschlafen haben.

Marx, 24. September 1993

Seit mehreren Wochen ist es mir nicht mehr möglich, mit unseren Schwestern die Katechesen in den Dörfern zu halten. Gewöhnlich fuhren wir nach der Abendmesse in einen der 30 bis 60 Kilometer entfernten Orte, um neue Gläubige auf Taufe, Beichte, Kommunion oder Trauung vorzubereiten. Wir besuchten jeweils die Orte, in denen die meisten Menschen zusammenkamen. Zu Marx gehören zurzeit 31 „Außenstationen". Jetzt ist das Benzin so knapp geworden, dass man an der Tankstelle nur noch etwas bekommt, wenn der ehemals kommunistische Bürgermeister seine Zustimmung gibt, und dann auch nur 20 Liter. Als ich vor vier Tagen zum Besinnungstag für alle an der Wolga arbeitenden Priester fahren wollte, gab es an der Tankstelle keinen Tropfen.
Wenn man die kleinen Keime des Glaubens auch nur für kurze Zeit vernachlässigt, ist der Schaden sehr groß und oft gar nicht wiedergutzumachen.
Ich würde deshalb für unsere Gemeinde gern ein Auto mit Dieselmotor kaufen. Diesel kann ich in jedem Dorf bekommen, weil die Landwirtschaft damit arbeitet.

Marx, 8. März 1994

Wir stehen mitten in der Fastenzeit und mitten in tiefem Schnee. Natürlich haben wir noch Winter in Marx, heute Nacht fielen 40 cm Neuschnee. Als wir morgens die hohen Schneewehen sahen, lachten wir und beschlossen: Wenn noch jemand aus Deutschland anruft und fragt, was er schicken kann, dann werden wir sagen: Bitte ein Schlauchboot für den Frühling! Das Wasser wird viele Wochen lang auf dem hart gefrorenen Boden stehen bleiben, und die Leute werden geduldig in Gummistiefeln zur Kirche kommen.

Der Tag unserer Kirchweihe liegt schon mehr als ein Vierteljahr zurück. Dass wir trotz der großen Kirche eine arme Gemeinde sind, können manche Leute nicht glauben. Die Bitten um Medikamente für Sterbenskranke, um eine bezahlte Anstellung oder andere materielle Hilfen häufen sich zurzeit. Allein in diesem Jahr waren schon vier Journalistenteams aus drei Ländern hier. Die Fragen der Reporter sind leider meistens auf das Thema „Deutsche Zukunft in Russland" zugeschnitten. Wenn ich dann von unserer Gemeinde erzähle, für die ich nur eine Hoffnung für die Zukunft sehe, weil viele Nichtdeutsche dazu zählen, die nicht ausreisen werden, dann wird manchem Reporter die Hand schwer und er formuliert seine eigentliche Frage ein wenig anders.

Ab nächster Woche wird auch die Freitagabendmesse nicht mehr in deutscher Sprache gehalten. Die Predigt halte ich schon längst alle Tage in russischer Sprache, nur Dienstag und Freitagfrüh noch auf Deutsch.

Weil es viele Sorgen mit der Fertigstellung unserer Kirche gibt, haben wir jetzt beschlossen, kein eigenes Heizhaus zu bauen, sondern einfach einen Anschluss an die nächste Fernwärmeleitung zu legen. Ein Ofen in der Kirche ist nach russischen Gesetzen verboten.

Der letzte Täufling im alten Jahr war ein Jugendlicher, den die Furcht vor dem nahen Militärdienst zur Kirche geführt hat. Er kam eifrig zu den Katechesen, die die Schwestern für ihn hielten. Ich überzeugte mich nach Kräften von seinem freien Entschluss und taufte ihn kurz nach Weihnachten. Wir verabredeten, dass er mir monatlich schreiben soll, weil sonst die Gefahren für seinen Glauben zu groß werden. – Er schreibt jetzt tatsächlich jeden Monat. Inzwischen ist er zur Artillerie gekommen, 150 Kilometer von einem der Krisengebiete in der ehemaligen Sowjetunion entfernt.

Am zweiten Fastensonntag kam ein mir unbekanntes Mädchen ins Beichtzimmer und fragte: „Was haben Sie denn hier so für Sünden?" Schnell stellte sich heraus, dass sie zum ersten Mal in der Kirche war. 13 Jahre alt, die Mutter vor vier Jahren gestorben, der Vater will nichts von Kirche wissen, weil ihn eine der Sekten eine Zeit lang nicht in Ruhe ließ. Wir unterhielten uns, während die Gemeinde draußen den Kreuzweg betete. Anschließend meldete sie sich bei einer der Schwestern zur Katechese an.

Eine Achtzehnjährige, die vor einem Jahr zur Erstkommunion gekommen war, hatte sich einer Sekte angeschlossen, die in Marx berüchtigt ist. Die Mitglieder gehen abends um neun in den Wald und schreien aus Leibeskräften. Das nennen sie „Gebet". Manche treiben es bis zur Ohnmacht. Eltern klagen dagegen vor Gericht. Nach Monaten kam sie wieder zur Kirche, mit einem deutlichen Entschluss. Das verdankt sie vielleicht dem Gebet ihrer Schwester, die ein Jahr jünger ist als sie und im Januar 1993 das erste Mal zur hl. Beichte und hl. Kommunion ging. Beide wohnen ohne Vater in einem zweigeschossigen Block, dessen Bewohner fast ausschließlich Alkoholiker sind. Nachts fürchten sich die Leute, an diesem Haus vorbeizugehen. Immer schreit oder flucht jemand.

Heute habe ich einem jungen Mann 160.000 Rubel gegeben. Er saß am Sonntag das erste Mal in der Kirche und bat um Hilfe für seine Frau. Sie hatte vor einiger Zeit ein Kind vor der Geburt verloren. Und nun droht dasselbe noch einmal. Die beiden sind zugezogen von Kasachstan und sind deshalb kasachische Staatsbürger. Solche Ausländer werden in Russland medizinisch nicht behandelt, jedenfalls nicht ohne Geld. Mit Schwester Theresia besuchte ich die jungen Leute zu Hause, um festzustellen, ob er mir die Wahrheit sagte. Die beiden haben deutsche Eltern in Kasachstan. Die Währung von dort ist hier nicht gültig. Er brauchte die Rubel als Schmiergeld! Sonst stirbt das Kind. Von sich aus sagten die beiden: Wir waren schon in ihrer Kirche. Und wir haben uns gedacht, erst muss die Frau getauft werden und dann möchten wir getraut werden. – Schön, dachte ich. Vielleicht lügen sie nicht. Die Behandlung muss spätestens morgen beginnen.

Seit einer reichlichen Woche gibt es wieder einmal kein Benzin. Gut, dass wir seit Oktober auch ein Auto mit Diesel haben! So müssen die Gottesdienste und Katechesen in den Dörfern nicht ausfallen. Zwar gibt es Probleme mit dem Diesel, wenn das Thermometer unter -20 Grad sinkt, aber bis jetzt macht der Motor gut mit. Am Sonntag hatten wir uns in Raskatowo angemeldet. Dort gibt es eine Kapelle mit Allerheiligstem. Schon auf dem Hinweg stürmte es so sehr, dass ich umdrehen wollte. Schwester Theresia meinte: Wenigstens Beichte und hl. Messe, dann fahren wir auch gleich zurück! ... Und ich willigte ein.

Drei Kinder saßen noch mit im Auto, als wir auf dem Rückweg im Dunkeln mit Allrad immer langsamer wurden. Schneewehe um Schneewehe bremste das Auto auf der schmalen Straße zwischen zwei endlosen russischen Feldern. Nach zehn Kilometern blieben wir das erste Mal stecken. Vor, zurück, vor, zurück, ... es ging noch einmal gut. Schwester Theresia, die noch nicht lange bei uns ist und immer im Süden gewohnt hatte, dachte, als der dichte Schnee im Scheinwerferlicht über die Motorhaube schlug, das Auto würde brennen! Dann steckten wir fest. Alle mussten raus und die Räder freischaufeln. Der Wind blies kräftiger. Es ging wieder weiter. Schließlich war die Straße kniehoch zugeschneit. Sonntagabend kommt hier keiner mehr. Bis zur nächsten großen Straße waren es vielleicht noch acht Kilometer, aber den Kindern konnte man das zu Fuß nicht zumuten. Sie bekamen kaum Luft in dem Sturm. Den Rosenkranz hatten wir schon zu Ende gebetet. Ich probierte draußen, ob ich etwas machen konnte. Im Wagen beteten die Kinder mit der Schwester einen der kleinen Rosenkränze: „Oh, Maria hilf!" wiederholten sie an jeder Perle.

Plötzlich waren Lichter hinter uns zu erkennen, gar nicht mehr so weit weg. Aber sie kamen kaum voran. „Noch einer?" – Es war der Schneepflug, der dem Milchwagen den Weg zur Stadt frei machte … Zu Hause hatten sie schon angefangen, sich um uns zu sorgen. Aber die Telefonleitung ins Dorf war unterbrochen. Sie dachten, wir würden vielleicht dort übernachten.

Vorläufig sind wir noch in der „kleinen Kirche". In der großen ist es zu kalt. Der Altar ist mit einem Bild verhängt, das einem Fastentuch gleicht. Auf dem Bild ist Jesus Christus zu sehen, aus dessen Herz ein blauer und ein roter Strahl fließen. Ich denke, viele kennen es. Die Ordensschwester, nach deren Vision das Bild gemalt ist, wurde am 18.04.93 seliggesprochen. Sie ist uns in dieser Fastenzeit eine Art „geistlicher Wegbegleiter".

Ab Palmsonntag wollen wir aber in die große Kirche gehen. Ich erinnere mich: Vor zwei Jahren war das Osterfeuer unten in der Baugrube aufgestellt, vor einem Jahr brannte es zwei Wochen nach der Grundsteinlegung zwischen dem ersten Mauerwerk und Ziegelstapeln. Jetzt wird es vor dem Haupteingang aufgestellt werden. Und wenn die kleinen Kerzen

noch bis Ostern hier ankommen, wird das Feuer der Osterkerze von Hand zu Hand gehen und den großen festlichen
Saal erleuchten.

Wir freuen uns schon auf die heiligen Tage.

Marx, 3. Oktober 1994

Ich freue mich sehr darüber, dass in den letzten Tagen so
viele so schnell bereit waren zu helfen. Als ich Mitte September kurz in Meyendorf bei meinen Eltern war, konnte ich
DM 3.500,– vom Konto abheben und mitnehmen, Spenden,
die bis zum 14. September eingegangen waren. Was ist aus
dem Geld geworden?

DM 100,– gab ich einer Witwe, die ihren letzten vierzehnjährigen Sohn noch bei sich hat und mehrmals in der letzten
Zeit bestohlen wurde, sodass das Geld nicht mehr für Brot
reichte.

Zweimal DM 100,– gingen an zwei Familienväter, die schon
lange kein Gehalt mehr bekommen. Als ich aus Deutschland
zurückkam, hatten sie gerade in der Kapelle bei den Schwestern die Heizung gelegt.

DM 150,– gab ich drei Männern, die aus dem Dorf zu mir
gekommen waren, um ein paar handwerkliche Arbeiten zu
erledigen. Sie kamen eine Woche lang von früh bis nachmittags. DM 50,- pro Woche entspricht zurzeit einem mittleren
Gehalt, zumindest sofern es etwas gibt.

DM 200,– habe ich den Schwestern als Gehalt für August
gegeben. Offiziell sind sechs Schwestern bei der Kirche angestellt, aber praktisch arbeiten dort alle zehn.

Die übrigen DM 2850,– nehme ich morgen mit ins Dorf zu unseren Flüchtlingsfamilien. Ihnen geht es besonders schlecht. Zwar haben viele von ihnen ein Haus bekommen - Fertigteilhäuser, die von der deutschen Regierung bezahlt wurden –, aber sie haben seit eineinhalb Jahren keine Arbeit und kein Geld. Das Wenige, was sie haben, vertrinken die Männer. Zwei von ihnen sind inzwischen gestorben. Dort im Dorf standen früher weniger als zwanzig Häuser, mitten in der Steppe und bei Regen umgeben von Schlamm. Jetzt sind es 84 Wohneinheiten mehr, aber es gibt keine Möglichkeit für sie, Geld zu verdienen ... Der Bus nach Marx kostet hin und zurück 7000 Rubel, zur Messe kann deshalb keiner kommen. Ich werde die Leute bitten, von den DM 100,–, die ich jeder Familie geben will (160.000 Rubel), etwas für die großen Feiertage aufzuheben, damit sie an Allerheiligen, zur Firmung und zu Weihnachten in die Kirche kommen können. Unser Kirchbau zieht sich weiter in die Länge. Die Altarweihe wird in diesem Jahr nicht mehr sein. Die Firmung wird schon am 13. November sein, weil der Erzbischof an Christkönig eine wichtige Reise geplant hat. Unsere drei Postulantinnen sind vorgestern ins Noviziat aufgenommen worden. Als Geschenk fand in der Gemeinde am Abend eine Lichterprozession um die neue Kirche herum statt ... wie in Lourdes. Die Wege sind fertig.

Marx, 22. November 1994

In den letzten Tagen des Kirchenjahres wird es hier schon Zeit, an die Weihnachtsgrüße zu denken, denn ob die Post acht oder achtundzwanzig Tage braucht, um die Briefe ans Ziel zu bringen, ist nicht vorherzusagen. Daran hat sich in Russland noch nichts geändert.

Ich möchte die Gelegenheit nutzen, um für alle Hilfe zu danken, die wir in diesem Jahr erfahren durften. Der starke Rückgang an sogenannten „humanitären Hilfssendungen" hat uns daran erinnert, dass nichts selbstverständlich ist und dass andere Regionen der Welt noch viel mehr von Not heimgesucht wurden als wir, zum Beispiel das ehemalige Jugoslawien. Umso mehr hat uns die Hilfsbereitschaft und der persönliche Einsatz Einzelner mit Freude und Dankbarkeit erfüllt. Die Kapelle am Kloster unserer Schwestern ist durch große Hilfe aus Deutschland eine Perle unter den „Bauwerken" unserer Stadt geworden. Nicht, dass sie besonders ausgestattet wäre ... Ich spreche vielmehr von der Qualität der ausgeführten Arbeiten: Mauerwerk, Holzdecke, Dachkonstruktion, Fenster und Türen. Dass man mit hiesigem Material so Schönes zustande bringen kann, beschämt einheimische Spezialisten. Familien, die in den letzten Monaten in besondere Armut gefallen sind, erfahren zurzeit regelmäßige Unterstützung durch Päckchen direkt aus Deutschland bzw. durch finanzielle Hilfe, die ich weiterleiten darf. Das mildert die Lage ein wenig. Warum ich „ein wenig" sage, wird durch folgendes Beispiel deutlich: Eine Frau kam am vorletzten Sonntag nicht zur Firmung, nicht etwa, weil sie nicht wollte oder krank geworden wäre. Sie hatte keine Schuhe ...

In diesem Jahr haben uns viele gute Menschen besucht. Wir haben die Gewissheit, dass sie bei sich zu Hause für uns beten. Das ist eine große Stärkung im lebendigen Glauben. Bleibende Erinnerungen dieses Jahres sind zum Beispiel die Kar- und Osterliturgie, zum ersten Mal in der neuen, großen Kirche, die Kinderwoche in den Sommerferien, von der ich schon geschrieben hatte, die Aufnahme von drei Postulantinnen ins Noviziat und die intensiv vorbereitete Firmung am 13. November ...

Seit dem 5. Oktober traf sich die Gemeinde zweimal wöchentlich zur Firmvorbereitung. Auch wer sein Firmversprechen bewusst erneuern wollte, besuchte regelmäßig die hl. Messen mit thematischer Predigt. Anschließend hielt jeweils eine der Schwestern eine Katechese zur Fortführung und Vertiefung des Themas. Um die Ernsthaftigkeit zu unterstreichen, gab es Teilnehmerlisten, in die jeder selbst das jeweilige Thema und die Hausaufgaben eintragen musste. Die Unterschrift von einer Schwester oder von mir bestätigte die Anwesenheit. Das schriftliche Abschlussexamen mussten alle zu Hause anfertigen. Rücksprache mit den Verwandten war nicht verboten, sondern erwünscht. Ich freue mich sehr über den Eifer der 54 Firmlinge. Und ich bin froh und dankbar im Blick auf das, was unsere Schwestern zur guten Vorbereitung der Gemeinde beigetragen haben. Es hat echte Glaubensvertiefung gegeben und zwei Bekehrungen, von denen ich weiß.

Unser Erzbischof hat schon am Vorabend der Firmung die heilige Messe mit uns gefeiert. Die geistliche Stütze, die wir in seiner Person haben, ermutigt zum christlichen Leben und verbindet spürbar mit der Kirche.

Nach dem festlichen Firmgottesdienst „predigten" die Kinder und Jugendlichen mit einem achtzigminütigen Laienspiel über die Liebe zu Christus im Nächsten. Da ich weiß, dass sich ihr Einsatz nicht auf Laienspiele beschränkt, hoffe ich, dass viele gute Früchte aus dieser Gruppe erwachsen. Ansätze dafür sind zu sehen.

Vorgestern feierten wir unser Patronats- und gleichzeitig das Kirchweihfest, Christkönig. Durch eine Umfrage hatten wir uns darauf geeinigt, das Fest durch eine Anbetung des Königs im Allerheiligsten zu begehen. Nach der hl. Messe blieben die Leute aus den Dörfern, später betete die Marianische Kongregation (eine Kindergruppe), dann die Franziskanische Gemeinschaft, dann Jugendliche, dann die Ministranten und in der letzten Stunde vier bis fünf Schwestern. Andere konnten sich beliebig anschließen und taten es auch. Die starke Beteiligung in der Stunde von drei bis vier zeigte, dass es viele in der Gemeinde gibt, die die Todesstunde des Herrn besonders verehren.

Die Not in Russland scheint es nicht zu verbieten, dass sich Anekdoten zutragen, von denen zwei erwähnenswert sind.

Vor zwei Wochen lackierten die Bauarbeiter den Fußboden in der neuen Kirche zum zweiten Mal. Bei voller Beleuchtung schienen sie emsig zu arbeiten. Als ich gegen 23.00 Uhr von der Katechese aus einem Dorf zurück kam, brannte das Licht immer noch. „Interessant", dachte ich. Am nächsten Morgen war immer noch keine Lampe ausgeschaltet. Jetzt näherte ich mich der Kirche und schaute durch einen Ritz der verschlossenen Tür. Da war kein Mensch. Die Spezialisten hatten den Fußboden lackiert und wussten nun nicht mehr, wie sie an den Lichtschalter kommen sollten. - Als ich den Chef der Firma fragte, warum das Licht dreißig Stunden in der ganzen Kirche brannte, antwortete er mir: Dadurch wird es wärmer und der Lack trocknet schneller …

Ich selber ging dann, um das Licht auszuschalten. Das ist nicht einfach, weil die Lichtschalter wahllos verstreut sind. Eine Leuchte blieb an. Am nächsten Tag schickte ich die Elektriker, um den letzten Schalter zu suchen. Ergebnis: Es gibt keinen. Man hatte vergessen, ihn einzubauen. Ich sollte erst einmal immer die Lampe herausdrehen, später würden sie einen Schalter anbringen.

Und noch eine andere Begebenheit: Ein Mädchen der Gemeinde kommt aus der Berufsschule und fährt mit zur Katechese ins Dorf. Sie berichtet, dass die Lehrerin heute über
das derzeitige Modespielzeug gesprochen hat, es nennt sich
Regenbogen und ist eine lange farbige Plastikspirale, die
man von einer Hand in die andere wirft. Derartiges Spielzeug beruhige die Nerven, sagt die Lehrerin. Und sie habe
im Fernsehen gesehen, der Papst in Rom habe auch so etwas ähnliches: eine Schnur mit vielen kleinen Perlen ...
Wichtig zu sagen scheint mir noch, dass sich unsere Gemeinde in diesem Jahr durch die Ausreise vieler Deutscher sehr
reduziert hat. „Sie weinen und fahren doch", hieß mal eine
Reportage über „unsere" Deutschen. Der Titel sagt viel Wah-
res. Je weniger wir uns auf die Katholiken stützen können, die
Jahrzehnte ohne Priester überstanden haben, desto schwerer
wird die Arbeit. Jetzt denke ich zum ersten Mal in diesem Jahr
an Weihnachten. Das ist gar nicht so leicht. Ohne lange zu
überlegen, kann ich sagen, dass ich mich auf Weihnachten
freue, denn wir haben eine fromme Gemeinde und gute
Schwestern. Wir werden uns nicht in Weihnachtsstimmung
versetzen, sondern Weihnachten haben, ein Geschenk Gottes,
das jeden Armen, der es ehrfürchtig empfängt, reich macht.

Marx, 13. Februar 1995

Der Winter ist ungewöhnlich. Manchmal fahre ich nach der
Abendmesse bei 0°C zur Katechese ins Dorf, und bevor ich
wieder zu Hause bin, ist das Thermometer auf -20°C gesun-
ken. – Oft fahre ich gar nicht, weil es kein Benzin gibt.

90

Für den 27. Januar, das Fest des Gründers unserer Schwesternkongregation, hatte ich einen Bus beim städtischen Kraftverkehr bestellt. Ich darf den Leuten nicht sagen, dass er 352.000 Rubel gekostet hat. Er sollte unsere Flüchtlingsfamilien aus den beiden 50 Kilometer entfernten Dörfern zur hl. Messe holen. Um so viel Geld bezahlen zu können, musste ich auf die Bank gehen, aber dort konnte man mir auch nicht alles wechseln (DM 150,–). Der Polizist am Eingang der Bank hatte glücklicherweise wenigstens Rubel im Wert von DM 100,– …

Die Firma, die unsere Kirche gebaut hat, ist wie vom Erdboden verschwunden. Übergabepapiere wurden noch nicht unterschrieben …

Die Kleinstadt Marx macht sich in den letzten Monaten durch ihre „Mafia", wie es die Leute auf der Straße nennen, einen Namen. Ob Rathaus oder Kiosk, … die einfachen Leute sind sehr verängstigt. „Gericht" hat nichts mit „Gerechtigkeit" zu tun, „Gehalt" nichts mehr mit „Geld". – Wie das?

Der ehemals größte Betrieb in Marx, der Betrieb „Kommunist", bezahlt seine Angestellten mit Zuckersäcken. Ein Ingenieur brachte uns neulich einen Sack und dazu einen Eimer Mehl. Bei ihm zu Hause werde es feucht. Er wüsste nicht, wo er es noch hinstellen solle. Die Lehrer sagen jetzt: „Hoffentlich werden wir nicht bald mit Schulheften bezahlt." – Aus der Ferne klingt das sicher lustig …

Wer krank wird, hat es schwer. Ins Krankenhaus kommt man nur, wenn man Binden, Spritzen, Medikamente und dergleichen selber mitbringt. Am Abend vor einer großen Operation wurde eine Frau aus unserer Gemeinde zum Baden nach Hause geschickt. Im Krankenhaus gibt es keine Möglichkeit dafür. Sie nutzte die Gelegenheit für Beichte und Krankensalbung.

Zweimal suchte mich eine junge Frau aus Saratow auf, die vom Fleischhandel lebt. Sie hat in der Nähe von Marx mit einem gemieteten Lkw eingekauft und wurde ein paar Kilometer hinter dem Schlachthof abgefangen, mit Maschinenpistolen bedroht, musste das Auto samt Ladung zurückgeben und innerhalb von zwei Wochen 5 Millionen Rubel zahlen, weil sie gekauft hat, wo nur die besagte „Mafia" kaufen darf. In der Kirche in Saratow, im neuen deutschen Generalkonsulat und bei allen deutschen Vereinen hat sie um Hilfe gebeten. Jeder gab ihr ein wenig oder schickte sie zu mir. Die ganze Geschichte klang echt, aber ich habe mich mit den Schwestern beraten und nichts gegeben. Es kann genauso gut sein, dass sie bald noch mehr erpresst wird, wenn sie bezahlen kann. Oder die Geschichte ist nicht wahr, und sie sollte nur einmal unser Haus und unsere Möglichkeiten genauer unter die Lupe nehmen. Mit so etwas müssen wir uns nebenbei herumschlagen.

Aber keine Angst! Wir sitzen nicht auf dem Geld. Zu Weihnachten konnten wir vielen Menschen durch großzügige Spenden aus Deutschland helfen. Jetzt geht in der Stadt das Gerücht um, die katholische Kirche kaufe Russen ein. Die Spenden sind jedenfalls ausgegeben. Aus einer Schule rief heute eine Lehrerin an, die für drei Kinder zwischen acht und zehn Jahren um Hilfe bat: Essen und Kleidung. Die Familien haben nichts. Ich konnte ihr etwas zu essen aus der Küche geben. Zum Anziehen haben wir nichts mehr auf Lager. Die Schwestern gaben Wäsche von sich selbst.

Wer genau gelesen hat, hat schon viel Positives entdeckt. Noch mal in der Zusammenfassung: Wir haben sehr gute Menschen hier, ob nun den Ingenieur, die Frau vor der Operation oder unsere Schwestern …

Den teuren Bus hatte ich in die Dörfer geschickt, weil auch

diese Familien, die vor zwei Jahren aus Tadschikistan zu uns kamen, jeder Mühe wert sind. 34 Leute waren mit dem Bus zur Abendmesse gekommen. Vor zwei Jahren waren nur zwei unter ihnen, die schon Sakramente empfingen. Es ist ein großes Verdienst unserer Schwestern, dass diese Menschen zum Glauben gefunden haben. Gestern Nachmittag feierten wir dort draußen im Dorf hl. Messe. Vorher hörte ich zwei Stunden Beichte, im Anschluss baten die Leute eine Stunde lang um Gespräche in persönlichen Anliegen. Wir waren zu dritt und hatten alle Hände voll zu tun.

Gerade sind die ersten zwei von ca. zehn Priestern zum Besinnungstag in den Hof gekommen: P. Eugenio und P. Juan Carlos, die zwei „alten Kapläne" von Marx. Sie sind jetzt 550 Kilometer nordöstlich von hier eingesetzt. Einmal im Quartal treffen sich die „Wolgapriester", immer bei einem anderen zu Hause. Wenn der „Nördlichste" zum „Südlichsten" fahren will, muss er 2000 Kilometer zurücklegen. Marx liegt ziemlich in der Mitte.

Marx, 19. Februar 1995

Wer gern einmal auf der Karte nachsehen will, kann suchen, wo die Priester herkamen, die Anfang der Woche hier waren, dies sind die Orte: Buguruslan, Samara, (früher Kujbyschew), Kamyshin, Petrow Wal, Wolgograd. Als der Besinnungstag zu Ende war, kam noch der Kaplan von Orenburg. Er war am Tag vorher zu Hause losgefahren, 22 Stunden ohne Pause. Im Sommer hatten wir die Strecke mit unserem Kleinbus in 14 Stunden bewältigt.

Es war ein sehr schönes Treffen. Obwohl wir einen Tag lang strenges Stillschweigen einhielten, war noch genug Zeit zum Erzählen. Wir sprechen Russisch miteinander, das ist lustig: Argentinier, Iren, Polen, Deutsche und ein Slowake.

Morgen, am Sonntag, fahren wir nach der hl. Messe in Marx in zwei ehemals deutsche Dörfer: Gattung und Wittmann. In Gattung wird die letzte hl. Messe gefeiert, weil die letzte katholische Familie ausreist.

Marx, am Fest Mariä Namen, 12. September 1995

Viele Wochen lang hatten wir ununterbrochen ein „volles Haus". Unsere Gäste, die mehr zum Helfen als zum Ausruhen gekommen waren, sind aber alle wieder abgefahren und –geflogen. Wir haben noch 30 Grad im Schatten. Wie lange das Wetter noch so anhalten wird, ist ungewiss. Irgendwann in den kommenden Tagen fängt der Regen an, und wir werden die warmen Sachen verteilen, die im Laufe des Sommers eingetroffen sind …

„Marx", ich meine das Äußere unserer Gemeinde, hat sich in diesem Sommer kaum verändert. Trotzdem hat sich viel getan. Und ich möchte sehr danken:

Seit dem 24. August ist die neue Kirche endlich unser Eigentum. Die Firma, die schon lange nicht mehr auf der Baustelle erschienen war, scheint sich still und heimlich aufgelöst zu haben. Dass wir trotzdem noch ihren Stempel auf den Übergabeakt bekamen, verdanken wir besonders einem Vikar aus dem Schwarzwald, der schon zum dritten Mal bei uns in Marx war. Er spielte den Vertreter der katholischen Kirche aus Deutschland, der mit großer Verwunderung klä-

ren wollte, warum ich immer noch keine endgültige Kosten-
abrechnung vorlegen kann. Bei den höchsten Instanzen der
Stadt machte das Eindruck. Und man fühlte sich geehrt, ihm
behilflich sein zu dürfen. Wir fuhren nach unserem kleinen
„Laienspiel" nach Hause. Drei Tage später lagen sämtliche
Übergabepapiere bei mir im Wohnzimmer auf dem Tisch.
Eine offene Frage blieb die nicht bezahlte Stromrechnung
der Firma. Unsere Baustelle war mit DM 14.000,– Nachzah-
lungskosten belastet. „Einfordern", „vor Gericht gehen", „die
müssen doch …" – das sind die üblichen und logischen Ratschläge der „Deutschländer" (der Deutschen in Deutschland). Praktisch führt das hier aber zu nichts. Manche wissen, dass die erste Baufirma zweieinhalb Jahre lang einen
Prozess gegen uns geführt hat, um DM 190.000,– für nicht
erbrachte Leistungen von uns zu erzwingen. Wir hatten erst
gewonnen, nachdem wir zum dritten Mal Berufung eingelegt
hatten. Das hat sehr viel Zeit und auch Kräfte gekostet. Die
Verhandlungen waren alle in Saratow. Manchmal kam ich zu
spät zur Messe zurück. Und ich konnte niemandem davon
erzählen.
In Sachen „unbezahlte Stromrechnung" haben wir einen
Kompromiss gefunden. Marx ist ein „großes Dorf" … Jedenfalls ist die Kirche jetzt ohne Schulden und wird weiter mit
Strom versorgt.
Im Juni hatten wir einen Auftragnehmer gefunden, der uns
die Kirche an ein rekonstruktionsbedürftiges Heizhaus 320 m
neben unserem Grundstück anschloss. Das war nach allen
Vergleichen die günstigste Lösung. Bei der Gelegenheit
wurde auch gleich das schon längst verlegte Heizungssys-
tem innerhalb der Kirche überprüft. Resultat: Fast 90 % der
Schweißnähte waren undicht. Alles in allem kostete diese
Aktion DM 58.000,–.

Für heute hat sich das Wasserwerk angekündigt. Auch hier sind ein paar undichte Stellen zu schließen, bevor der Hahn aufgedreht werden kann. Das wird eine große Erleichterung für uns werden, denn zurzeit haben wir weder in der Kirche noch im Pfarrhaus fließendes Wasser. Alles Trink-, Wasch-, Wisch- und „Gießwasser" müssen wir von einer Pumpe holen, die zwei Straßen weiter liegt.

Ähnlich wie im vergangenen Jahr gab es auch diesmal wieder eine Religiöse Kinderwoche. Sechzig Kinder aus Stadt und Land verbrachten eine der dreizehn Ferienwochen in der Kirche. Wir lernten, beteten, arbeiteten, spielten und aßen gemeinsam. Von zu Hause kennen die allerwenigsten einen geregelten Tagesablauf. Manche haben zudem auch schon vergessen, was Fleisch ist. Die vernünftige, gesunde Ernährung der Kinder ist für viele Eltern ein echtes Problem. Wenn wir uns nur auf die eigene Gemeindekollekte gestützt hätten, wäre nicht einmal das Fahrgeld für den Bus der Kinderwallfahrt in jener Woche zusammengekommen. Dank der Hilfe unserer Wohltäter aber konnten wir gut einkaufen. Die Schwestern haben gekocht.

Zu ersten Mal hatten wir einen Seminaristen aus dem Priesterseminar in Moskau bei uns, der sein Sommer-Praktikum absolviert hat. Wenn jemand Russisch als Muttersprache spricht, ist das natürlich von großem Vorteil in der Sorge um die Menschen. Ich hoffe, dass in einigen Jahren Priester geweiht werden, die hier geboren und aufgewachsen sind. Das wird ein besonderer Segen für die Kirche in Russland sein. – Zurzeit sind wir ja alle Ausländer!

Vor ein paar Monaten hatte ich um Hilfe für eine Familie mit drei Kindern gebeten, die wegen ihrer feuchten Wohnung alle krank wurden. Eine städtische Hygienebehörde hatte die Verhältnisse längst für unzumutbar erklärt – bis zu 80 %

Luftfeuchtigkeit im Wohnzimmer –, aber es gab keinen Ausweg. Mit der großen Spende zweier Wohltäter aus Deutschland konnten wir ihnen jetzt die Hälfte eines Zweifamilienhauses in der Nähe der Kirche kaufen.

So ungefähr aller drei Monate kommen Schwestern aus vier Häusern in Kasachstan und Sibirien nach Marx und nehmen an einem theologischen Grundkurs teil. Vom 19. bis zum 28. August waren sie das letzte Mal hier. Obwohl sie in dieser Zeit intensiv lernen müssen, sind sie auch für die Gemeinde jedes Mal ein besonderer Segen. Vor ein paar Jahren sind sie alle „durch Marx gegangen", das heißt, sie hatten hier ihr Noviziat oder lebten nach dem Ablegen der Gelübde einige Jahre hier. Sie lieben die Gemeinde und das tut allen gut.

Damit die Schwestern überhaupt kommen konnten, musste ihnen jemand die Fahrkarte für den Zug bezahlen. Ohne Umsteigen waren sie drei Tage und drei Nächte unterwegs. Das kostete pro Schwester eine halbe Million Rubel (was zehn Monatsgehältern oder 164,– DM entspricht).

Vorgestern haben wir mit den Ministranten einen Ausflug unternommen. Wir haben mit unserem Kleinbus die Nachbarkirche in Kamyshin besucht, die 280 Kilometer flussabwärts an der Wolga liegt. Unterwegs sahen wir zerstörte katholische Kirchen der ehemaligen Wolgarepublik. Kamyshin hat eine neue Kirche, kleiner als unsere, aber auch sehr schön.

Das Umgangsniveau der Leute in der hiesigen Provinz war schon lange niedrig. Erschreckend ist manchmal, dass es weiter sinkt. Bevor ich nach Marx kam, sagte man mir: „Dort fluchen die Leute sehr." Wie geduldig viele den Spott und die Erniedrigungen – selbst auf Behörden – über sich ergehen lassen, ist kaum nachvollziehbar. Nachts ist es laut auf unseren Straßen geworden. Autoradios und Betrunkene johlen um die Wette. Gegenüber vom Kloster wurde ein Kiosk eröffnet, der rund um die Uhr Wodka verkauft. Was das heißt, kann man sich doch wohl erst vorstellen, wenn man es gesehen hat. Wenigstens teilweise wirkt sich das auch auf unsere Leute aus. Viele leiden unter Angst und Ärger, ohne eine Kraft in sich zu spüren, durch die sie alles ertragen, geschweige denn ändern könnten.

Gemeinsam mit den Schwestern versuche ich zu helfen, so gut ich kann. Ohne Unterstützung wäre in der letzten Zeit vieles nicht möglich gewesen. Auch das wird wohl so bleiben …

Drittes Kapitel

1995–1997

SEELSORGER DER RUSSEN

„Die Gesellschaft ohne Werte gleicht einer Säure, in der die Jugendlichen schwimmen müssen. Aber Gott ist nicht knauserig mit seinen Wundern."

Marx, 2. Advent 1995

Schon längst ist es Zeit, Weihnachtsgrüße auf die weite Reise zu schicken. Für mich in Marx heißt das auch, wie schon so oft, um Verständnis und Hilfe für die Menschen zu bitten, die mir nicht nur ihre seelischen Nöte anvertrauen.
Diesmal habe ich ein bisschen Angst dabei, weil es keine großartigen Dinge zu berichten gibt: Die Menschen in den Kleinstädten leiden mehr oder weniger geduldig vor sich hin, während ringsum alles im noch vorwinterlichen Dreck versinkt, bevor es später friert und für ein paar Monate vom Schnee versteckt wird. Die armen Leute sind müde von den ausländischen Touristen, die Moskau gesehen haben und behaupten, dass es doch aufwärtsgehe. Sie haben nicht einmal das Geld, um am Sonntag mit dem Linienbus zur Messe

zu kommen. Nichts zum Anziehen, nichts zum Essen, keine Medizin, ... – Wie oft höre ich in der letzten Zeit von solcher Not! Gestern Abend kam ich spät vom Unterricht nach Hause. Vor dem Tor im Dunkeln wartete ein Mann. Ich erkannte ihn erst, als er mich ansprach. Vor drei oder vier Wochen war ich bei ihm zu Hause, um die Wohnung zu segnen: Es war Sonntagmittag. Nachdem wir zusammen gebetet hatten, setzten sich Vater, Mutter und die drei Kinder mit mir um den Tisch. Es gab Tee ohne Zucker. – Das war das Mittagessen. Ich hatte mich geärgert, überlegt, ob mir die Leute einen Streich spielen wollten und konnte nicht begreifen, wie sich der Vater so still an den Tisch setzen kann, statt für die Familie etwas heranzuschaffen. Jetzt stand er schon lange in der Kälte vor dem Tor und bat: „Pater, bitte helfen sie uns! Ich habe den Kindern früh ein Stückchen Brot gegeben ...“– Wie in solchen Fällen üblich, ging ich an den Kühlschrank und zum Küchenschrank – allgemeine Vor-

2. Advent 1995: *Kirche in Marx*

räte haben wir schon lange nicht mehr – und machte ihm eine Tüte zurecht.

Obwohl die meisten Deutschen nun schon für immer ausgereist sind, ist unsere Gemeinde noch einmal geschrumpft. Eine allgemeine Kraftlosigkeit, ich wage nicht „Trägheit" zu sagen, bemächtigt sich der Leute. Die Gruppen, die sich auf Taufen, Erstkommunion oder Trauung vorbereiten, sind sehr klein. Deshalb sind sie aber gut vorbereitet, wenn sie dann nach Monaten um den Empfang der Sakramente bitten. Die geistliche Kraft unserer Schwestern ist eins der Lichter in dieser Finsternis. Ich freue mich, wenn ich spüre, dass das auch die Leute merken. Gestern zum Beispiel sagte eine Frau, die sich seit ein paar Monaten auf Taufe und Trauung vorbereitet: Noch nie im Leben bin ich solchen Menschen begegnet.

Am diesjährigen Christkönigsfest wurde nun endlich der neue Altar in unserer Kirche geweiht. Der Erzbischof und der Nuntius aus Moskau waren an diesem Tag bei uns. Am Nachmittag legte im nahen Saratow eine der mexikanischen Schwestern Ewige Gelübde ab. An den beiden Tagen danach trafen sich wieder einmal die Priester der Wolga-Region in Marx. Trotz der weiten Entfernungen und verschiedener Nationalitäten verbindet uns nicht nur der Dienst, sondern immer mehr auch persönliche Freundschaft auf der schönen Ebene unserer Berufung.

Vor dem 8. Dezember hielten wir einen Besinnungstag, an dem 17 Mädchen teilnahmen. Es begann schon „vor dem Aufstehen" mit der Rorate-Messe . Ich dachte, dass die Kinder an so einem langen Tag das Stillschweigen nicht aushalten. Als ich jedoch wenigstens beim Essen kleine Gespräche erlauben wollte, stieß ich auf stumme Widerrede.

Als der Erzbischof an Christkönig die hl. Messe in unserer

Kirche feierte, sagte er zur Gemeinde: „Wenn wir in Moskau eine so schöne Kirche hätten wie eure …!" Das war eine Freude für uns. Möge es auch eine Freude für alle sein, die auf irgendeine Weise am Bau beteiligt waren.

Was wir aber an Strom- und Heizkosten aufbringen sollen, bereitet mir große Sorgen. Die Spenden, die manchmal auf meinem Konto eingehen, sind oft direkt für arme Familien gedacht. Was machen wir mit der Kirche? Nicht heizen? Bald haben wir 20 Grad minus. Das ist ein echtes Problem: Jetzt haben wir eine richtige Kirche, von der die Leute seit Jahrzehnten geträumt haben, aber die Inflation macht den Umgang mit Geld nicht leicht.

Das Zollamt Saratow hat ohne zu fragen unser Kirchenkonto geleert, 1,6 Mio Rubel (DM 516,–). Eigentlich wollten sie 4,5 Mio, leider, d. h. zum Glück, hatten wir nicht mehr. Das Ganze sollte eine Strafaktion für die verzögerte Entzollung eines Hilfstransportes Ende 1994 sein. Wir bemerkten die Nacht- und Nebelaktion erst, als wir die monatliche Überweisung zum staatlichen Rentenfond vornehmen wollten. Einspruch und übergeordnete Instanzen haben uns zum Widerruf des Urteils verholfen. Die Rücküberweisung verzögert sich nun wegen sogenannter technischer Schwierigkeiten im Zollamt Saratow.

Es ist sehr schwer zu sagen, wie sich die Lage bei uns entwickeln wird. Ich spüre, dass viele auf ein Weihnachtsgeschenk hoffen, zum Beispiel DM 100,– für eine Familie als Ersatz für die letzten drei ausgebliebenen Monatsgehälter. – Was ich geben kann, werde ich dank der Spenden aus Deutschland tun, aber es ist bei aller Hilfe für diese Menschen immer nur ein Tropfen auf den heißen Stein.

Die geistliche Wiedergeburt Russlands ist mit keinem flächendeckenden „Fünf-Jahres-Plan" zu schaffen. Aber es gibt sie, im Kleinen, unter äußerlich erbärmlichen Umständen. Der Schatz im Acker ist keine Legende. Wenn viele mit dem helfen, womit sie helfen können, wird das Land blühen, auch geistlich. Und ich hoffe, dass einmal Segen von hier ausgehen wird, zum Dank und zur Freude für unsere heutigen Wohltäter.

Marx, am letzten Tag der Weihnachtszeit, 7. Januar 1996

Am Heiligen Abend war unsere große Kirche sehr voll. Nur etwa die Hälfte der Leute fand einen Sitzplatz. (Es müssen also beinahe 500 Menschen gewesen sein.) Christmette, Krippenspiel und Christkind – alles war in russischer Sprache, natürlich auch die Lieder. Für unsere „letzten" Deutschen war das sicher ein Schmerz, aber im Blick auf die Zukunft kommen wir um solche Entscheidungen nicht mehr herum. Ich habe mich allerdings auch sehr gefreut, als wir dann am 1. Weihnachtstag deutsche Weihnachtslieder gesungen haben.

Ein Teil der Spenden der letzten Zeit ging in Weihnachtsgeschenken für ca. 150 Kinder auf: Apfelsinen, Schokolade und Bonbons. Alle Mütter bekamen eine kleine Spende in bar. Im Dorf mit „unseren" Flüchtlingen bekam jede Familie eine größere Summe (DM 100,–). Eine der Familien dort hatte schon seit drei Wochen kein Brot gegessen. Alle Tage kochten sie sich etwas aus Mais, den sie vom Kolchos mit nach Hause nahmen.

Den Kindern musste ich in diesem Jahr keine Freistellungsbitten vom Unterricht zu Weihnachten schreiben, weil schon seit dem 18. Dezember im ganzen Kreisgebiet die Schulen wegen Grippe geschlossen sind. Die Ansteckungsgefahr ist hoch. Niemand mehr hat ausreichend Abwehrkräfte. Übermorgen soll der Unterricht wieder beginnen – falls die Schulen geheizt werden.

20 Kilometer von hier entfernt gibt es ein Dorf, in dem nur eine katholische Familie wohnt. Vorgestern bekam ich von ihnen einen Weihnachtsbrief: „Es tut uns sehr leid, dass wir diesmal weder zu Weihnachten noch zu Neujahr in die Kirche kommen konnten. Bei uns im Dorf wurde der Bus gestrichen. Wir haben vorn an der Hauptstraße gestanden (3 Kilometer Fußweg bei -20°C und Wind) und wollten per Anhalter kommen. Aber es hat niemand angehalten. Bitte verzeihen Sie uns."

Heute war die erste Taufe im neuen Jahr. Es ist besonders jetzt sehr feierlich in der schönen Kirche: Die Krippe steht direkt vor dem Altar, der am 26. November von Erzbischof Kondrusiewicz geweiht wurde.

Marx, 6. Februar 1996

Bei den Nachrichten, die die Medien über das Leben in Russland berichten, handelt es sich oft um Sensationen oder Katastrophen. Im Allgemeinen geht es ruhiger, aber doch oft auch sehr traurig zu.

Wir haben nur noch wenige Leute, die Deutsch lesen können. Trotzdem sind die Zeitschriften nützlich, denn auch mit Bildern kann man verkündigen.

Aktuelles aus unserem kleinen Städtchen Marx: Nachdem die Grippewelle langsam abklang und die Schulen wieder geöffnet wurden, begannen die Lehrer zu streiken, um mehr Gehalt zu bekommen. Die Leidtragenden sind die Kinder.

Gestern kam ich von einem Krankenbesuch aus einem Dorf zurück. Da lag kilometerweit von jeder Ortschaft entfernt in einer Schneewehe am Straßenrand ein Mann. Es war starker Wind. Ein paar Minuten später hätte man ihn schon nicht mehr gesehen. Ich rüttelte ihn wach. Ich dachte mir schon, dass er betrunken sei, wie so viele. Da sagte er: „Ich tu' dir wohl leid?", und ging fort ...

Marx, Ostern 1996

Wenn wir im kleinen Marx, knapp 1.000 Kilometer südlich von Moskau, auch nicht alle Neuigkeiten erfahren, ... Ostern haben wir nicht verpasst. Unsere Freude lässt sich von Dankbarkeit nicht trennen.

Der Erste, dem wir aus ganzem Herzen danken müssen, ist Jesus Christus, der nicht müde wird, uns zu lieben. Dann folgen die vielen Menschen, die sich zu seinen Werkzeugen machen lassen, die uns Gutes tun, ohne zu berechnen, was sie dafür bekommen. Ihnen allen wünschen wir in diesen Tagen: Vergelt's Gott!

Im Laufe der Fastenzeit sind über DM 9.000,- „für arme Familien in Russland" eingegangen, das sind über 20 Millionen Rubel. Kurz vor Ostern habe ich mit den Schwestern den größten Teil davon an 70 Familien verteilt. Von dem Rest haben wir Lebensmittel für die Kinder gekauft, die ohne Eltern zur Kirche kommen. „Lebensmittel" stimmt nicht ganz, es waren Reis und Schokolade.

Es war das zweite Mal, dass wir den Leuten, die oft schon viele Monate lang kein Gehalt und keine staatliche Unterstützung bekommen, Geld in die Hand gegeben haben. Im Vergleich zum vorigen Mal fiel mir auf, dass sich die Leute weniger sträubten, die Spenden anzunehmen. Es lässt sich schwer mit Worten beschreiben, wie eine Mutter von drei Kindern beim letzten Mal um keinen Preis einwilligen wollte, das Geld zu behalten, jetzt aber still „Danke" sagte, sich umdrehte und ging …

Am Dienstag in der Karwoche war wie in allen Bischofsstädten kurz vor Ostern auch in Moskau die Chrisam-Messe, zu der unser Erzbischof alle Priester des europäischen Teils Russlands eingeladen hatte. Wir waren so viele wie noch nie: 48! Zum Glück gibt es von hier aus eine gute Flugverbindung. Morgens um vier ging ich aus dem Haus, abends um zehn war ich wieder zurück. Andere Priester saßen jedoch zweimal 48 Stunden im Zug, um dabei sein zu können.

Einen Tag zuvor waren die Ordensleute beim Nuntius eingeladen – ebenfalls nach Moskau. Die Hausoberin aus Marx war mit einer der mexikanischen Schwestern, die im benachbarten Saratow arbeitet, hingefahren. Es gibt jetzt ungefähr 30 Kongregationen, die im europäischen Teil Russlands tätig sind, aber „unsere" hier in Marx ist die einzige „einheimische". Alle Schwestern sind in Kasachstan oder Russland geboren, das heißt in der ehemaligen Sowjetunion.

Marx, 15. April 1996

Mit dem gestrigen Weißen Sonntag ist wieder ein Stück regionaler Kirchengeschichte geschrieben worden, ich meine die diesjährige Fastenzeit in Marx, die in die Feier der Auferstehung mündete, geschmückt mit Taufen, Aufnahmen in die Kirche, Erstkommunionen, Trauungen und den vielen stillen Versöhnungen in der heiligen Beichte.
Begleitet war die Zeit auch dieses Mal von der Liebe vieler Wohltäter, die nach uns fragten, für uns beteten und in materieller Weise sorgten.
Seit einigen Monaten hat die Zahl der Gottesdienstbesucher wieder zugenommen. Ausreisewelle, Trägheit und Irrwege sind also nicht automatisch das letzte, eisige Wort, das über den Frühlingsspross der Kirche in Russland gesprochen ist. Manche werden diese Freude noch mehr mit mir teilen können, wenn ich ihnen sage, dass unsere Schwestern in der letzten Zeit bewusst mehr für die Gemeinde beten ...
Noch vor dem Karfreitag wurde uns von einer Familie aus Altefähr (bei Stralsund) ein großes handgeschnitztes Kreuz für die Kirche geschenkt. Es stand ein paar Tage in der Klosterkapelle. Am

1996: *Kreuz Marx*

Karfreitag zur Kreuzverehrung sahen es viele zum ersten Mal. Nun hängt es in der Mitte über dem Tabernakel.

Wer die Kirche betritt, erlebt den heiligen Widerspruch: Das Bild des leidenden Christus verbreitet nicht Schrecken, sondern Frieden. Ich selbst bin sehr froh über dieses Kreuz, denn je länger ich hier bin, desto häufiger spüre ich, dass unsere Gläubigen weniger durch Worte als durch andere Eindrücke innerlich bewegt werden. Die ganze Kirche ist dadurch deutlich mehr zu einem Heiligtum geworden, in dem man sich mit Gott trifft.

Gerade vor Ostern hatte das Tauwetter eingesetzt. Wer um diese Zeit schon einmal in Russland war, weiß, was das bedeutet: Matsch, Gummistiefel, dreckbespritzte Fußgänger, Kinder, denen keiner das Naseputzen beigebracht hat, usw. Trotz allem: inniges Gebet während der heiligen Messe.

Die Katechesen in den Dörfern liefen vor Ostern auf Hochtouren. Gerade von dort stammten unsere Taufkandidaten und fast alle Erstkommunionkinder. Mit dem Auto kamen wir nicht mehr überall durch. Die Leute holten mich am letzten Asphaltweg ab, stellten mir Gummistiefel mit einem Paar frisch gewaschener Socken vor die Autotür und führten mich im Halbdunkel durch Pfützen, Schlamm und Mist, fast wadentief, sodass ich Mühe hatte, die Füße zu heben.

Dreimal in der letzten Zeit waren die Kinder vom Land hier bei uns in Marx. Sie fanden Quartier in katholischen Familien und bereiteten sich tagsüber auf die Sakramente vor. Ich war wieder skeptisch, weil fast alle aus Familien stammten, die sich nicht um religiöses Leben mühten. Aber die Schwestern haben es wie üblich geschafft, meinen Argumenten mit Gottvertrauen und Erfahrung zu begegnen.

In der Osternacht wurden bei uns zwei Erwachsene und dreizehn Schulkinder getauft. Die Kirche war sehr voll. Und weil die Liturgie ganz in Russisch war, klangen die Lieder und Gebete aus einer besonderen Herzenstiefe. Am Ostersonntag taufte ich noch einen siebenunddreißigjährigen sterbenden Mann bei ihm zu Hause.

Gestern, am Weißen Sonntag, empfingen neun Kinder und sechs Erwachsene die Erste Heilige Kommunion. Anschließend waren die neun Kinder vom Land noch bei mir zum Mittagessen. Dann fuhren sie mit mir bzw. mit dem Linienbus nach Hause. Häufig in der letzten Zeit habe ich in den Dörfern je einem der großen Kinder eine bestimmte Summe gegeben, die sie für Busfahrscheine zur heiligen Messe verwenden und später abrechnen sollten, denn die allgemeine Lage ist nicht besser geworden. Den Familien, die verantwortungsvoll mit dem Geld umgehen, habe ich wieder DM 100,- zu Ostern überreichen können. Von den Familien, aus denen nur die Kinder kommen und beide Elternteile trinken, habe ich vorläufig eine Namensliste erstellt. Demnächst will ich mit den Kindern nach Saratow fahren und für jedes ein Paar Schuhe kaufen.

Ich würde gern noch Einzelheiten der letzten Tage erzählen, möchte aber doch nicht den persönlichen Bereich der Leute verletzen. Zum Beispiel konvertierte ein Mann, der eineinhalb Jahre im Gefängnis gesessen hatte, dank des positiven Einflusses seiner Frau, die in der Zwischenzeit katholisch geworden war. – Oder ein anderer, alter Mann, der mich noch vor einem Jahr wegen meiner Herkunft als „Faschist" beschimpft hatte, bat nun ehrlich um die Sakramente der Kirche. Fröhlich erzählte mir Schwester Helena gestern im Auto, wie ein Junge, der erst vor Kurzem getauft worden war und sich jetzt auf die erste heilige Beichte vorbereitete, bei der Gewissenserforschung ins Schwitzen kam. Er beschrieb einen Zettel nach dem anderen und sagte schließlich: „Ich glaube, es ist besser, wenn Sie mich noch einmal taufen."

Gestern feierte die orthodoxe Kirche Ostern. Ich sehe deutlicher als früher, wie den Russen „ihr" Ostern im Blut steckt. Und auch mich selber zog es in der Nacht in eine orthodoxe Kirche. Gemeinsam mit fünf Schwestern fuhr ich zuerst nach Engels, dann nach Saratow. Wir sahen viele Männer und Frauen, die sich Mühe gaben, ehrfürchtig an der Liturgie teilzunehmen, obwohl sie nichts verstanden. Es gibt zum Beispiel den Brauch, vor der Feier der Osternacht eine Ikone des Grabtuchs Jesu zu küssen. Die Leute standen Schlange, konnten aber nicht sagen, was sie dort taten. Alles fängt erst wieder an.

Gerade bekomme ich einen Gruß von einer Frau, die nicht weit von unserer Straße entfernt wohnt und heute Abend zur Kirche kommen will. Die Wege sind jetzt abgetrocknet. Zu Ostern war sie nicht in der Kirche, weil sie nur Hausschuhe hat und alles Geld für die zwei erwachsenen Söhne brauchte, die Invaliden sind.

Für die Ferienmonate Juni, Juli, August planen wir wieder eine Religiöse Kinderwoche (diesmal 12 Tage). Die Ministranten schicken wir für 10 Tage nach Moskau zu den Franziskanern. „Nur" die Bahnfahrt ist zu bezahlen, pro Person also fast DM 200,–. Für Mädchen aus Russland und Kasachstan, die ernsthaft an den Ordensberuf denken, werden Exerzitien bei uns sein. Jugendliche sollen im August mit den Redemptoristen von Orenburg in den Ural fahren. Auch da brauchen wir Unterstützung.

Im europäischen Teil Russlands gibt es momentan 86 Gemeinden mit Bischofssitz in Moskau, 17 Kirchen, neun davon werden zurzeit wiederhergestellt und drei sind Neubauten, drei sind im Bau, 91 Priester, die Hälfte davon allerdings in Moskau, außerdem gibt es 104 Ordensschwestern.

Meyendorf, 19. Mai 1996

Bei unseren Schwestern in Marx und in den anderen vier Häusern der Delegatur Russland–Kasachstan handelt es sich um die „Dienerinnen Jesu in der heiligen Eucharistie". Es sind knapp dreißig, meist deutschstämmige Schwestern, die früher im Untergrund gearbeitet haben. Sie sind die einzige „einheimische" Kongregation in Russland. Das bedeutet zum Beispiel, dass sie die Menschen in ihrer Mentalität gut verstehen, aber auch, dass sie viel Schweres (Bespitzelungen, KGB-Verhöre, heimliches Noviziat, jahrelang zu wenig Schlaf, Hunger u. a.) erlebt haben.

In den Gemeinden, in denen es möglich ist, erhalten sie seit einiger Zeit ein kleines Gehalt. Jahrzehntelang war das nicht so. Sie haben ihr ganzes Leben, oft auch ihre Gesundheit geopfert, damit die Kirche in Russland nicht stirbt. Am Beispiel unserer Stadt Marx kann ich sagen: Ohne Schwestern gäbe es heute niemanden an der Wolga, der sich niederknien würde, um das Kreuzzeichen zu machen und mit Gott zu sprechen.

Alle Mitglieder anderer Orden und Gemeinschaften in Russland sind Ausländer. Sie werden aus der Heimat unterstützt. Unsere Schwestern hatten nie ein Sparguthaben und sind jeden Monat von Neuem auf die Wohltäter angewiesen, damit sie leben können. Außer der Sorge um Essen und Kleidung machen wir uns zurzeit noch um eine geeignete Unterkunft Gedanken. Die Zeiten, in denen man für DM 5.000,– ein Haus kaufen konnte, sind vorbei.

In Marx kann ich helfen, weil es gute Freunde gibt. Aber in Tomsk, Novosibirsk, Karaganda und Akmola?

Ich will die Situation ein wenig beschreiben: In Akmola wohnen fünf Schwestern in einem Haus, das im Winter mit sandiger Steinkohle geheizt werden muss und in dem es nie wärmer als + 15°C wird. Drei der Schwestern sind sehr krank. Die neue Kirche soll viele Kilometer von dort entfernt gebaut werden. Akmola ist die neue Hauptstadt Kasachstans. Die Grundstücke sind entsprechend teuer. Ein neues Haus bzw. eine Wohnung gibt es nicht unter US $ 100.000,–. Die Schwestern haben bei den großen Hilfswerken um Unterstützung gebeten. Antwort ist vorläufig noch keine da. Über die Bischöfe wurde uns ausgerichtet, dass zurzeit keine Mittel für Klöster zur Verfügung stehen.

In Karaganda sieht es besser aus. Dort steht der Ausbau des Klosters kurz vor dem Abschluss. Wenn RENOVABIS die bewilligten DM 31.000,– noch überweist, werden wir den Bau bezahlen können.

In Novosibirsk haben die Schwestern ihr Haus an die Kirche „verkauft", ohne dafür eine Kopeke zu sehen. Jetzt wohnen sie zu fünft in einer Drei-Zimmer-Wohnung (Kapelle, Oberin, Saal), jedoch günstig im Stadtzentrum. Die Nachbarin ist bereit, ihnen zwei sehr große Zimmer abzugeben. Den Schwestern fehlen dafür aber DM 70.000,–.

In Tomsk sind die Schwestern vor einem Jahr in die oberste Etage eines neuen Hochhauses gezogen, das bis heute noch nicht von der Baubehörde abgenommen ist. Das Hochhaus, aus dem sie ausgezogen waren, wurde als „einsturzgefährdet" eingestuft, sodass kaum eine Chance besteht, die ehemalige Wohnung günstig zu verkaufen. Es bleibt eine offene Rechnung von DM 22.000,–.

Was ist also zu tun? – Klöster in Mietwohnungen? Das ist ein unvorstellbar großes Risiko zu Zeiten der Inflation und Rechtsunsicherheit. – Nicht in den großen und damit teuren Städten tätig sein? Das wäre unklug. – Die Bischöfe? … haben selber nichts.

Um ganz deutlich zu erklären, wo und wie die Schwestern wohnen, müsste ich wohl wie im Evangelium sagen: „Kommt und seht."
Ich wohne seit 1990 in der ehemaligen Sowjetunion und sehe die Möglichkeiten und Unmöglichkeiten.
Angesichts der Armut in Russland werden die Schwestern nicht um Hilfe bitten. Selbst die Briefe an RENOVABIS und „Kirche in Not" sind auf Initiative anderer entstanden.
Es geht nicht um Bequemlichkeit, sondern um ganz normale Wohnverhältnisse, in denen man Kraft für das Apostolat schöpfen kann.
Ohne finanzielle Hilfe wird eine blinde Schwester in Kasachstan weiter bei – 30°C durch den Schnee zur Toilette im Hof stapfen. Eine Nierenkranke wird im Winter täglich wie gewohnt 30 Minuten an der Bushaltestelle warten, um dann im kalten Bus zur heiligen Messe zu fahren. Vier Schwestern werden weiter in einem Zimmer schlafen, in dem sie auch essen und Gäste empfangen. Eine Klausur ist dort praktisch unmöglich, usw.

Marx, 5. Juli 1996

Lebendige Kirchengeschichte:
Am 13. Juli diesen Jahres begeht die Pfarrgemeinde „Christus König" in Marx an der Wolga ein besonderes und seltenes Fest: Die Eheleute Johannes und Anne Becker feiern ihren 60. Hochzeitstag.
Geboren in Wittman (heute Zolotowka, 50 Kilometer wolgaaufwärts), gaben sich die beiden das Ja-Wort vor dem Altar

im Jahre 1936 in der Kathedrale „St. Clemens" in Saratow. Das Besondere, Historische und Erschreckende daran ist, dass sie das letzte Paar für viele Jahrzehnte waren, das von einem katholischen Priester an der Wolga getraut wurde.

Sie berichteten selbst: „Am 12. Juli abends sind wir von zu Hause aus losgegangen. An der Anlegestelle haben wir übernachtet. Frühzeitig sind wir mit dem Schiff nach Saratow gefahren. Die heilige Messe war schon zu Ende, als wir in die Kirche kamen. Nur ein altes Mütterchen war in der Kirche, als wir getraut wurden. Trauzeugen hatten wir nicht. Und als wir aus der Kirche gingen, wir standen noch draußen auf der großen Treppe, haben wir gesehen, wie sie den Pater weggeholt haben. Sie haben ihn ins Auto geladen und fort war er."

Das war der Letzte von über 120 katholischen Priestern, die noch zehn Jahre vorher hier an der mittleren Wolga tätig waren. Fast alle sind eines unnatürlichen Todes gestorben bzw. verschollen.

Die beiden Jubilare, Anna und Johannes Becker, wurden am selben Tag geboren, am 5. Juli 1915. Damals waren fast alle 4.000 Einwohner des Dorfes katholisch. Ihre Vorfahren waren rund 150 Jahre vorher aus Deutschland an die Wolga übergesiedelt. Sie berichteten weiter:

„Es war im Herbst '41, gerade als wir die Kartoffeln rausmachen wollten, da hat man uns alle fortgeschafft: Mit Pferdewagen bis an die Züge und dann mit dem Zug nach Kasachstan. Damals hatten wir zwei Kinder." Insgesamt hat Anna Becker 14 Kindern das Leben geschenkt. Durch Hunger, Kälte und Krankheiten sind neun davon vor ihrem dritten Geburtstag gestorben. „Aber ich habe sie alle getauft", berichtete die Mutter. Dabei schien mehr Freude als Schmerz aus ihren Augen.

114

Am 21. Januar 1942, die beiden wussten das Datum genau, wurde Johannes nach Baschkirien in die sogenannte „Trudsarmee" (Arbeitslager) geschickt. Die Mutter blieb mit den Kindern allein in Kasachstan. 1946 durfte er die Familie zu sich holen. Seitdem lebten sie 32 Jahre in Baschkirien, 21 Kilometer von Magnitogorsk.

Am 1. Mai 1978 zogen sie zurück in das Dorf, in dem sie beide geboren waren. Es hatte inzwischen einen russischen Namen. Von der ehemaligen Kirche war nichts mehr übrig. Der Schwager hatte ihnen ein Haus gekauft. Er war schon früher zurückgekommen.

Nacheinander siedelten sich im Dorf zwanzig Familien an, die 40 Jahre vorher die Wolga verlassen mussten, weil sie Deutsche waren. Leider sind die meisten von ihnen inzwischen noch einmal aufgebrochen und nach Deutschland ausgereist, wo sie sich eine ruhige Zukunft erhoffen und die eigene Muttersprache bewahren.

Eine Tochter wohnt bei den Eltern Anna und Johannes. Zwei Kinder leben in Baschkirien mit ihren Familien und zwei in Moldawien. „Ob sie wohl in diesem Jahr alle kommen werden?", überlegte die Mutter. „Vor zehn Jahren, am 50. Hochzeitstag, waren sie alle da. Aber jetzt wird es wohl schwer sein wegen der Fahrkarten."

Seit neun Jahren sind wieder katholische Priester an der Wolga tätig und mühen sich, den Menschen in einer unruhigen Zeit ein Zuhause zu geben, ein Zuhause, das doch nur für den Übergang gedacht ist, denn „unsere ewige Heimat ist im Himmel".

Meyendorf, 30. August 1996

Drei lange und sehr schöne Monate Sommerferien sind vorüber. Am Montag beginnt in ganz Russland wieder die Schule. Am gleichen Tag werde ich nach Marx zurückfliegen. Erstmals seit vier Jahren haben wir wieder größere Unternehmungen mit Kindern und Jugendlichen unserer Gemeinde über die Grenzen der Pfarrei hinaus gewagt. Weite Wege, Kirchbau, die Frage der Finanzierung, aber auch schlechte Erfahrungen hatten uns in der Planung einige Jahre lang recht zaghaft sein lassen. Am Ende des Sommers darf ich nun dankbar sagen: Das Risiko hat sich gelohnt. Gestützt auf die Hilfe aus Deutschland, besonders von RENOVABIS, unternahmen wir folgendes:

14 Jugendliche und eine Schwester nahmen an der Jugendwallfahrt der Apostolischen Administratur Moskau teil. Nachdem sie den Anfahrtsweg von 1.000 Kilometern per Bahn zurückgelegt hatten, fuhren sie mit der gesamten Wallfahrtsgruppe noch eine Nacht mit dem Zug von Moskau nach Weißrussland. Dort ging es in großen Tagesabschnitten zu Fuß an einen Marienwallfahrtsort, an dem sich Jugendliche aus allen Himmelsrichtungen trafen.

Acht nahmen an einer Werkwoche bei den Franziskanern in Moskau teil. Auch sie kehrten froh und zufrieden zurück.

Mit vier Mädchen und zwei Schwestern unternahm ich eine Wallfahrt ans Grab des Ordensgründers unserer Schwestern nach Mariampole in Litauen. Wir fuhren die 5.000 Kilometer mit unserem Kleinbus, konnten also die Tage selbst gestalten. Unser Anliegen war es, um geistliche Berufe, besonders auch aus unserer Gemeinde, zu beten. Wir sind vielen guten Menschen begegnet und erinnern uns oft an die Reise.

Außerdem nahmen noch zwei unserer Flüchtlingskinder aus Tadschikistan an Einkehrtagen mit Redemptoristen im Ural teil.

Die Religiöse Kinderwoche ist schon echte Tradition in Marx geworden. Zum dritten Mal waren die Kinder vom Land zu den Kindern in die Stadt eingeladen und verbrachten die Tage vom 31. Juli bis 7. August in der Gemeinde. Der Höhepunkt für die 55 Kinder zwischen neun und sechzehn Jahren war die zweitägige Fußwallfahrt durch das ehemals blühende, jetzt aber verödete Land an der Wolga.

Das Thermometer kletterte in der Steppe auf 40°C. Wir übernachteten in einem früheren Dorf, von dem nach der Zwangsaussiedlung der Deutschen im August 1941 kein Stein mehr übrig geblieben war. Nur die Bäume lassen noch Straßen und Plätze erahnen. Bei der Gelegenheit benutzten wir zum ersten Mal unsere 17 Zelte.

RKW *in Marx*

In diesem Jahr ist uns aufgefallen, dass die Kinder besonders gehorsam und fröhlich waren. Sicher spielt die Vorbereitung immer eine Rolle. Ich möchte aber an dieser Stelle auch allen danken, die für uns beten. Mögen diese Samenkörner viel Frucht bringen!

Über Alexejewka, einem Dorf, in dem seit über 60 Jahren kein Priester mehr gewesen war, kann ich heute schreiben: Vor zwei Wochen, am Fest der Aufnahme Mariens in den Himmel, war ich vom dortigen Pfarrer zur Kirchweihe eingeladen. Schon seit einigen Jahren hatten zeitweise drei Priester und drei Schwestern in Alexejewka gearbeitet. Die kleine Kirche ist ein komplettes Geschenk aus Deutschland. Nur die Heizung fehlt noch, ... die aber dringend nötig ist, denn in eine paar Monaten wird das Thermometer dort an die -40°C heranreichen.

In Marx habe ich wieder einen neuen Zivildienstleistenden zur Unterstützung. Auch die beiden ehemaligen sind zurzeit dort und vertreten mich fleißig.

Ich freue mich schon sehr auf die Heimfahrt nach Russland.

Marx, im Advent 1996

Mit Augen und Ohren werden wir der Frohen Botschaft von Weihnachten begegnen. Möge sie durch die Tore der Sinne tief in unsere Seele eindringen und zum Licht in der Finsternis werden.

Dankbar schaue ich auf ein Jahr zurück, in dem Gott wieder nicht müde geworden ist, seine Liebe zu zeigen. Besonders gern denke ich an die vielen Unternehmungen mit Kindern und Jugendlichen im vergangenen Sommer. Mit Freude durfte ich dabei sein, als im Januar drei unserer Schwestern ihre ersten Gelübde ablegten und am 1. Oktober zwei neue Postulantinnen aufgenommen wurden. Mehrmals durfte ich ihre Exerzitien begleiten und immer wieder erleben, wie Gott, der „große Gärtner", seine Blumen heranzieht.

Seit September ist die Zahl der Schüler wieder einmal spürbar zurück gegangen, die regelmäßig zur Kirche kommen. Wenn Vierzehnjährige zu Hause keine Unterstützung im Glauben bekommen, bleiben sie der Kirche fern. Die Gesellschaft ohne Werte gleicht einer Säure, in der sie schwimmen müssen. Aber Gott ist nicht knauserig mit seinen Wundern.

Im Juni habe ich zum dritten Mal einen Zivildienstleistenden aus Deutschland bekommen. Mit einem zweiten Helfer nimmt er mir viele praktische Arbeiten ab. Auch die Gemeinde hat beide dankbar angenommen.

Was in diesem Jahr abermals sehr angestiegen ist, ist die Zahl der Bitten um materielle Hilfe. Fast täglich stehen Fremde vor der Tür, die um große Summen für lebensnotwendige Operationen bitten oder teure Medikamente brauchen. Oft borgen sich Leute Geld, um Essen zu kaufen. Das Zurückzahlen fällt ihnen nicht leicht, ist meistens sogar unmöglich. Wenn nach Monaten wieder einmal ein Gehalt oder Kindergeld oder Rente ausgezahlt werden, reicht es nicht für Mietschulden und dergleichen. Es ist auch schwer zu unterscheiden, wer am nötigsten Hilfe braucht.

Weihnachten sollen wieder die meisten Familien ein Geschenk bekommen. Dank verschiedener Spenden ist das möglich. Dann aber geht unsere Pfarrei mit leeren Taschen und großer Hoffnung ins neue Jahr …

Ich weiß, dass Gott helfen wird, nur wie, weiß ich noch nicht. Das hängt ja immer auch von den Menschen ab.

Marx, 1. Januar 1997

In den vergangenen Tagen vor und nach Weihnachten haben sich einige Ereignisse zugetragen, die ich unbedingt erwähnen muss:

20. *Dezember*: Eine gute alte Frau, die ich noch von Tadschikistan her kenne, die aber später in eine ganz unwegsame Gegend Sibiriens zu ihrer kranken Schwester gezogen war, schrieb mir nun aus Deutschland. Einmal im Jahr leistete sie sich in Sibirien den teuren, beschwerlichen Weg zur nächsten Kirche, ich glaube, es waren ungefähr 300 Kilometer. Sie war dann immer in der Sorge, ob es nicht schon das letzte Mal sei. Obwohl sie keine direkten Verwandten in Deutschland hat, schrieb sie sehr zufrieden: Ich kann alle Tage zur Kirche gehen. Die Menschen sind freundlich. Hier ist Ordnung. – Besonders die letzten Worte haben mich betroffen gemacht, nicht weil ich weiβ, dass es auch Unordnung gibt, sondern weil ich in jenem Moment gut verstanden habe, wie unbeschreiblich, wenn auch manchmal unbewusst, die Menschen hier leiden. Wenn die Leute nicht zur Kirche kommen, weil sie auf der Straβe im Dreck stecken bleiben, dann ist das nur ein Bild für die noch gröβere innere Not.

22. *Dezember*: Ein paar Tage vor Weihnachten habe ich das Geld verteilt, das mir für arme Familien geschenkt wurde. In der Stadt bekam jede Familie, die zur Gemeinde gehört, 250.000 Rubel (DM 70,–), Alleinstehende 100.000 Rubel. Fast alle brauchen dringend Geld für die notwendigsten Dinge. Im Dorf sieht es noch schlechter aus, deshalb gab ich den Familien dort DM 100,– Ich freue mich und danke sehr, dass diese Hilfe möglich war.

24. *Dezember*: Heiligabend. In diesem Jahr waren nur 300

Menschen zur Christmette gekommen. Wir hatten nicht wie üblich in der Zeitung auf unser Weihnachtsdatum hingewiesen. Dafür waren kaum Zuschauer da. Es war eine besonders ruhige, geistliche Atmosphäre zu spüren, alle beteten und sangen mit. Selbst beim anschließenden Krippenspiel und bei der Bescherung durch das Christkind blieb es feierlich und schön.

28. *Dezember*: Mit zehn Kindern aus einem entfernten Dorf gingen unsere Schwestern auf dem Markt einkaufen. Die Kinder kommen regelmäßig zum Unterricht und zur heiligen Messe, wenn wir das Dorf besuchen. Weil aber beide Elternteile dem Alkohol ergeben sind, konnten die Kinder kein Geld zu Weihnachten bekommen. Jeder durfte sich für 100.000 Rubel Kleidungsstücke aussuchen, also etwa Strümpfe, Schal und Mütze, oder eine warme Jacke oder ein paar Winterschuhe. Die Kinder waren sehr dankbar und fröhlich, als wir wieder nach Hause fuhren.

31. *Dezember*: Entsprechend unserer Marxer Tradition begann nach der Jahresabschlussmesse das Nachtgebet in Form einer Anbetung. Die Kirche ist zurzeit besonders schön geschmückt. Krippe, Christbaum und viele Blumen machen es schwer, wieder nach draußen zu gehen. Gleichzeitig zeigten wir in der „alten Kirche" einen Spielfilm über die Ereignisse von 1917 in Fatima. Er soll als Vorbereitung auf die Ankunft der Fatima-Pilgermadonna in unserer Gemeinde am 5. Januar dienen. Wie einfach unsere Leute, im guten Sinne, sind, zeigt zum Beispiel, dass manche beim Zuschauen weinten. Das passiert auch bei verschiedenen anderen Gelegenheiten.

Januar: Wenn am nächsten Sonntag jene Pilgermadonna nach Marx gebracht wird – wir geben sie dann am 6. Januar weiter an unsere Nachbargemeinde Samara – will ich kleine

Fatima-Statuen für jede Familie weihen. Für eine beliebige Spende kann man die Statuen vorher erwerben. Sie werden mit den Namen versehen, und am Sonntag können die Leute sie mit nach Hause nehmen. Während eine Frau sogar 50.000 Rubel dafür opferte, gab ein Mann mit drei Kindern zwei 500-Rubel-Scheine (28 Pfennige). Sofort fiel mir die Witwe aus dem Evangelium ein, die zwei Kupfermünzen in den Kasten warf …

Noch etwas anderes: Unser guter, geländegängiger Kleinbus hat inzwischen 200.000 Kilometer Russland hinter sich. Im Laufe des vergangenen Jahres mussten wir bereits Reparaturkosten in Höhe von DM 14.000,- aufbringen, damit er weiterhin seine Dienste leistet. Ich plane, ihn in eine Gemeinde abzugeben, in der ein eigener Mechaniker noch für weitere Fahrtüchtigkeit sorgen kann. Wir aber würden uns nach einem anderen Auto umsehen. Dafür brauche ich Unterstützung.

Und das Zweite: Wenn mit den Visa alles gut geht, werde ich vom 31.1. bis 6.2.97 mit unseren Schwestern ins Heilige Land fliegen. Schon über drei Jahre haben wir von einer solchen Reise geträumt. Nun wird es vielleicht bald Wirklichkeit. Ich bin den Schwestern zu unbeschreiblichem Dank verpflichtet, sowohl in der praktischen Arbeit als auch im persönlichen geistlichen Leben.

Schon bald wird sich der Schleier langsam heben, der noch über dem neuen Jahr liegt. Mit dem Vertrauen in Gottes Weisheit bitte ich alle um ihr Gebet für uns in Marx.

Marx, 19. Februar 1997

Vor zwei Wochen durfte ich die wohl schönste Wallfahrt meines Lebens machen, nämlich nach Jerusalem. Und gemeinsam mit mir unterwegs waren ein zweiter Priester aus Deutschland und 25 junge Ordensschwestern, die alle in der ehemaligen Sowjetunion geboren wurden, dort aufgewachsen sind und ihre Berufung bekommen haben. Beides zusammen, der Ort und die Begleitung, sind nun in der Erinnerung zu einem unvergesslichen Schatz der Freude geworden, für den ich Gott ohne Ende danken will.

Bei der Gelegenheit war ich auch für ein paar Tage in meiner alten Heimat, Deutschland. Mir kam es so vor, als ob sehr viel Unnützes gesprochen und geschrieben wird. Das Thema „persönliche Schuld" ist auch in manchen Kirchen tabu. Es war traurig zu hören, wie vorsichtig Priester am Schuldbekenntnis vorbeiführen.

Es war aber auch genug Zeit, um Menschen zu begegnen, die in dem Durcheinander noch wissen, wie man die Stimme Gottes von den anderen unterscheidet. Es waren kurze Begegnungen, aber viel Grund zur Freude. Denen, die sich demütig und eifrig im Guten mühen, will ich sagen, dass hier in Russland viel für sie gebetet wird.

Es sind noch sechs Wochen bis zum Osterfest. Die Fastenzeit ist kein Wartezimmer, eher ein Arbeitszimmer. Darum wünsche ich allen, dass sie die geistliche Arbeit dieser Wochen ein gutes Stück voranbringt auf der Wallfahrt ins Himmlische Jerusalem.

Marx, 1. Mai 1997

In der letzten Zeit haben wir in unserer Gemeinde jährlich etwa 40 Erstkommunionen. Keines der Kinder ist in der Lage, sich ein Kleid für dieses Fest zuzulegen. Das Geld zu Hause reicht oft nicht für Brot. Inzwischen haben viele Eltern schon sechs Monate nacheinander kein Gehalt bekommen ...

Außerdem begehen wir den ersten Donnerstag jeden Monats besonders feierlich (Gebet um geistliche Berufe), ebenso die Herz-Jesu-Freitage, die ersten Samstage und Sonntage. Auch an diesen Tagen ziehen die Kinder weiße Kleider an. Die Kleider hängen bei uns in der Kirche. Nur zum Waschen nehmen die Kinder sie mit nach Hause. Aber inzwischen sind die, die wir haben, fast 10 Jahre alt und schon nicht mehr schön.

Im Rahmen einer Sammelaktion in Deutschland sind innerhalb von drei Tagen 55 wunderschöne Kommunionkleider zusammengekommen, die ich im Auto aus Deutschland mitnehmen konnte.

Die Ersten, die die Kleider sahen, waren unsere Schwestern, die sie noch am Abend meiner Ankunft auspackten. Da die meisten Schwestern noch jünger als 30 Jahre, zum Teil unter 20 sind, kann man sich gut vorstellen, wie sie mit staunenden, fröhlichen Kinderaugen ein Kleid nach dem anderen in die Höhe hoben, sich gegenseitig zeigten und schon vom nächsten Fest in der Kirche träumten. – Die Kinder warten noch mit Spannung auf den Tag, an dem die ersten kleinen Prinzessinnen des großen Königs zum Altar treten werden. Wir haben beschlossen, dass es an Fronleichnam sein soll.

Marx, 13. Juni 1997

Drei lange Monate Ferien. Das erschreckt immer wieder die ausländischen Gäste, die unsere kleine Gemeinde in Marx an der Wolga besuchen. In der Wolga baden, vor dem Fernseher sitzen, auf der Datsche (Garten am Stadtrand) helfen. Das sind die gewöhnlichen Beschäftigungen der Kinder bei uns in der Stadt, drei Monate lang!
Für die Erwachsenen sind gerade diese Monate eine besonders schwere Zeit, weil das ständige Gießen und Bewachen der Datsche die Lebensgrundlage vieler Familien sichert. Urlaub ist hier ein Fremdwort. Seit Jahren verreisen die Leute nicht. Manchmal reicht das Geld nicht, um zur Beerdigung von Verwandten zu fahren …
Damit unsere Kirche nicht nur äußerlich wie eine Insel im postsowjetischen Durcheinander aussieht, haben wir für den Sommer dieses Jahres wieder besondere Pläne. Mit Hilfe persönlicher Wohltäter, durch die Unterstützung der Solidaritätsaktion RENOVABIS, aber besonders auch durch Eigeninitiative und wenig kostenaufwändige Projekte möchten wir der traurigen Lethargie unter den Menschen entgegenwirken und gerade in diesen drei langen Monaten Glauben vertiefen, Hoffnung pflanzen, Freude wecken. Wer nicht die finanziellen Mittel aufbringen kann, um an einer der geplanten Reisen teilzunehmen, ist eingeladen, bei verschiedenen notwendigen Aufgaben in der Pfarrei mitzuarbeiten und sich so einen Teil seiner Fahrkarte zu verdienen. Das betrifft fast alle.
Manches wäre nicht möglich ohne unsere Wohltäter.
Nichts wäre möglich ohne die Hilfe Gottes, der uns seine Liebe gern spüren lässt.

Marx, 29. September 1997

Zwar scheint es mir unmöglich, den ganzen Sommer in ein paar Zeilen zusammenzufassen, aber einige Beispiele sollen ein Bild der vergangenen Monate malen.

Mehrere Gruppen Jugendlicher und Erwachsener hatten diesmal Gelegenheit, über den Rand unserer Gemeinde hinaus in die große Kirche zu schauen: Unter den 1.000 russischen Teilnehmern am 46. Eucharistischen Weltkongress in Wroclaw waren auch sieben aus Marx. Als die Fatima-Statue nach neunmonatiger Reise durch die Gemeinden Russlands und Kasachstans in Moskau verabschiedet wurde, nahmen eine Mutter und vier Kinder unserer Marianischen Kongregation daran teil. 15 Jugendliche legten mit vielen, vielen anderen die 240 Kilometer der diesjährigen Fußwallfahrt in Weißrussland zurück. 60 Kinder waren zur Religiösen Kinderwoche nach Marx gekommen. Und eine kleine Delegation von acht Personen fuhr 52 Stunden mit dem Zug, um am 10. August an der Weihe der Bischofskirche in Novosibirsk teilzunehmen. RENOVABIS und manche privaten Spender haben uns das alles ermöglicht. Immer noch sind die Leute hier kaum in der Lage, sich selbst an den Kosten für eine Reise zu beteiligen.

Marx liegt in tiefer russischer Provinz. Hier bewegt sich so gut wie nichts. Ich will die Gemeinde wirklich nicht verwöhnen und prüfe mich immer wieder selbst. Aber wenn ich bei einem Hausbesuch in einer kinderreichen Familie außer einem Brot, von dem sich jeder ein Stück abreißt, nichts Essbares finde, oder wenn ein kleines Mädchen in der heiligen Messe im Dorf vor Hunger ohnmächtig umfällt und eine Großmutter es in ihre Küche trägt, um es mit ein wenig Brot und Rahm zu füttern, damit es selber nach Hause gehen kann, dann sind das keine Einzelfälle!

Eine junge Familie, der Mann ist Lehrer, die Frau ist Sekretärin, ein Kind – ist am Sommeranfang zu den Eltern nach Kasachstan (!) gezogen. Der Grund: „In dieser schweren Zeit ist es besser, wenn alle zusammen sind", sagte die Frau, die vor zwei Jahren hier die Erstkommunion empfing.

Einige Kinder hatten wir im Sommer zum Nachhilfeunterricht und zum „Füttern" nach Marx geholt, weil sich die Eltern zu wenig um sie kümmerten. „Erst wenn ihr drei Kilo zugenommen habt, dürft ihr wieder nach Hause", sagten die Schwestern. Nach der ersten Woche war es schon fast so weit, dann wollten sich die Kinder nicht mehr auf die Waage stellen. Lebensmittel sind jetzt wirklich sehr teuer geworden. Ich hatte mich beim Antrag an RENOVABIS um DM 2.000,– verschätzt! Und mitten in unserer Religiösen Kinderwoche war die ganze Kirchenkasse leer, absolut leer. Genau an dem Tag kam ein älterer Herr aus Deutschland für weniger als zehn Minuten bei uns vorbei und überreichte uns DM 1.000,– mit einem Gruß aus seiner Kirchengemeinde.

Jetzt beginnt bald die Heizperiode. Das Telefonieren ist für uns am 1. September dreimal teurer geworden, weil man Kirchen neuerdings mit „kommerziellen Organisationen" in einer Spalte zusammengefasst hat. Einzelne Menschen und Familien in besonderer Not (schwere Krankheit, Operation, Arbeitslosigkeit, seit zwei Jahren ausstehendes Gehalt usw.) werden immer wieder bitten kommen. Dazu die gewöhnlichen Ausgaben: ein wenig Gehalt für die Schwestern, Essen im Pfarrhaus (wir sind fünf Leute) und Ähnliches lassen mir keine andere Wahl, als wieder um Unterstützung zu bitten.

Aber ich möchte auch noch von anderen Dingen erzählen: Gestern war Erstkommunion bei uns. Elf Erwachsene haben sich etwa ein Jahr lang mit Schwester Helena auf dieses Fest vorbereitet, ebenso auf die anderen Sakramente. Darum hatten wir vorgestern zwei Taufen, sieben Aufnahmen in die katholische Kirche, neun erste heilige Beichten und vier Trauungen. Die Leute waren sehr froh, dass sie es nun geschafft hatten. Es war keine leichte Gruppe. – Letzten Sonntag hatten wir eine besonders feierliche Brautmesse: Beide, Braut und Bräutigam, aus unserer Gemeinde. – Ein paar Tage vorher hatte ich einen sterbenskranken Mann und seine evangelische Frau bei ihnen zu Hause getraut. Die beiden sind standesamtlich schon 35 Jahre verheiratet und dachten bis heute, dass katholisch-evangelisch doch nicht erlaubt sei.

Als ich vor sechs Jahren hierher kam, betreuten wir natürlich auch Saratow, die Großstadt nebenan. Es gab an der ganzen Wolga keinen zweiten Priester. Eine Frau, die uns damals monatlich zur heiligen Messe empfing, beschäftigt sich leider seit ein paar Jahren mit Magie, heilt und verwünscht Menschen auf Bestellung und ist Mitglied einer dunklen Organisation. Trotzdem kam sie im Juni nach Marx. Sie brachte eine schwerkranke Frau mit, die sich vor dem Sterben mit Gott aussöhnen wollte. Die Frau wusste, dass sie unheilbar krank war, selbst Ärztin, keine 50 Jahre alt. Ich zeigte ihr die Kirche und erzählte dabei vom Glauben, bis eine der Schwestern kam. Sie sprach dann zwei oder drei Stunden mit ihr. Die Frau hinterließ uns ihre Telefonnummer und bat uns, nach Saratow zu kommen, weil ihr die 60 Kilometer auf unseren Straßen große Schmerzen verursachten. Als wir anriefen, lag sie schon im Krankenhaus auf der Isolierstation. Besuche waren verboten. Wir übergaben einen Brief, sie antwortete mündlich durch eine Krankenschwester, dass sie bald wieder zu Hause sei. – Aber das war nur für kurze Zeit, dann lag sie wieder auf derselben Station. Ich konnte nicht sofort hinfahren, als ich es erfuhr. Und als ich wieder nach Saratow kam, hieß es an der Aufnahme nur: „… gibt's hier nicht." Ich darauf: „Ich bin Priester. Und die Frau liegt vielleicht schon im Sterben." Entsetzt darüber, wie man so etwas aussprechen kann, schaute mich die abergläubische Angestellte an. Dann nahm sie den Hörer und telefonierte mit der Station, die ich ihr genannt hatte. Von dort wollte man wissen: „Wer fragt nach ihr?" Und als ich sagte, dass ich aus Marx sei, durfte ich selbst mit der Stationsärztin sprechen. „Die Patientin hat sehr gut von Marx erzählt. Sie wohnt nur 15 Minuten von hier. Vielleicht können Sie sie besuchen. Sie würde sich sicher sehr freuen." Beim ersten Anlauf klappte es nicht. Die Schwiegermutter ihrer Schwester ließ mich nicht hinein, weil (!) die Frau schon im Sterben lag. Am nächsten Tag versuchte ich es wieder. Jeder Weg betrug 130 Kilometer. Diesmal war die eigene Schwester da, die ebenfalls Ärztin ist. Sie führte mich sofort ins Zimmer. Ich wollte nun bei der Vorbereitung auf die Beichte helfen, durfte aber feststellen, dass die drei Stunden in Marx und Gottes Hilfe in der Zwischenzeit schon alles getan hatten. Sie konnte beichten und die Krankensalbung empfangen. Seitdem war ihr nach eigenen Worten sehr warm im Herzen. Wenn das hier jemand sagt, dann meint er ein wirklich großes, inneres, spürbares Glück. Daraufhin erlaubte mir ihre Schwester, zu jeder Tages- oder Nachtzeit wiederzukommen, denn die Sterbende wollte gern, dass die Ordensschwester noch einmal zu ihr käme, mit der sie in Marx gesprochen hatte. Diese kam am nächsten Tag von einer Visitationsreise aus Kasachstan zurück. Ich rief in Saratow an. Und nun hieß es: Die Kranke läge im Koma. Wir fuhren sofort los. „Vielleicht kann sie noch die Erste heilige

Kommunion empfangen!", hoffte die Schwester. Das bezweifelte ich sehr, nahm sie aber mit. Unterwegs kauften wir noch Blumen. – Nie wäre ich auf dem Weg zu einer bewusstlos Sterbenden auf so eine Idee gekommen ...

Wir kamen an. Und die Frau war wach! Sie konnte kaum sprechen. Ihre Augen waren weit offen, aber ganz müde. Mir schien, dass wenig Zeit blieb und doch verlief alles in Ruhe. Ihre Schwester und ihre Schwiegermutter standen ehrfürchtig dabei. Am folgenden Tag starb sie.

Ich kann nicht beschreiben, wie groß meine Freude darüber ist, dass sich eine hochgebildete, atheistisch erzogene Frau vor dem Sterben bekehrt hat. Und im Himmel wird die Freude groß sein! – Wir waren die Einzigen, die noch zu ihr durften. Sie konnte das leere Gerede der anderen nicht ertragen. Es wird Zeit zu enden. Es ist schon nicht mehr spät, sondern früh. Dank sei Gott für alles!

Marx, 25. Oktober 1997

Gestern Abend während der heiligen Messe hat jemand das Pfarrhaus aufgebrochen und die gesamte Kasse gestohlen: DM 15.000,–.

Auf der Bank können wir das Geld nur in Rubeln anlegen. Das ist gefährlich wegen der unsicheren Wirtschaftslage und der Inflation, aber auch weil sich verschiedene Betrüger Zugang verschaffen können, wie es schon einmal geschehen ist.

Ich hatte das Geld vor zwei Monaten aus Deutschland mitgebracht, um unsere laufenden Kosten zu begleichen, die in den kalten Monaten über DM 2.000,– pro Monat betragen (Gehälter, Heizung, Telefon, Benzin, …), aber auch schon im Blick auf die Unterstützung armer Familien zu Weihnachten. Was ich gestern Abend in der Jackentasche hatte, reicht nicht, um über den nächsten Monat zu kommen. Unsere Apostolische Administratur in Moskau ist selbst spendenabhängig, kann also auch nicht helfen.

Ich werde in etwa zwei Wochen nach Deutschland fliegen, eigentlich, weil ich noch keine Exerzitien in diesem Jahr besucht habe. Wenn jemand bis dahin eine kleine Unterstützung auf das übliche Konto überweisen könnte, wäre es für unsere Gemeinde sehr hilfreich.

Die Polizei war hier, die gleichen Herren wie vor fünf Jahren, als mein Primizkelch gestohlen und nie wieder gefunden wurde.

Viertes Kapitel

1997–2002

BISCHOF IN MARX

„Abends fallen mir immer eher die Sorgen und Freuden eines Pfarrers ein. Um über die eines Bischofs zu schreiben, müsste ich mich wahrscheinlich am Tage hinsetzen. Aber wann? Ähnlich war es an dem Tag, als mir der Nuntius sagte, dass ich Bischof werden soll. Ich widersprach mit den Worten des Kirchenrechts, denen zufolge ein Bischof einen Doktortitel haben sollte. Der Nuntius antwortete ruhig: ‚Das können Sie nachholen.' Ich fragte: ‚Wann denn?' ‚Wenn Sie in Rente gehen' war die Antwort."

Marx, 19. Dezember 1997

Getragen vom treuen Gebet Einzelner und unterstützt durch viele persönliche Spenden, haben wir das Jahr 1997 nicht nur überlebt, sondern möchten es nun dankbar in Gottes Hände zurücklegen.

Nach dem Diebstahl unserer Pfarrkasse war schnelle Hilfe da. In den Sommermonaten verdichtete sich das Gemeindeleben durch Kinderwoche, Exerzitien und Wallfahrten. Armen Familien konnten wir durch die Weitergabe von Spenden helfen, teilweise sogar mit ärztlichen Untersuchungen und Behandlungen in Deutschland, nachdem hier hoffnungslose Diagnosen gestellt waren. In allen Fällen hat dieser Ausweg deutliche Besserung gebracht.

Ich möchte gern meine Freude darüber teilen, dass ich heute vor 10 Jahren Diakon werden durfte. Seitdem hat Gott mir unverständlich viel Gutes getan. Manchmal erschrecke ich, weil ich mich daran gewöhnt habe. Ich möchte ihm für meine Berufung danken mit allem, was dazu gehört.

Marx, Palmsonntag, 5. April 1998

Der Heilige Vater, Papst Johannes Paul II., hat mich zum Weihbischof ernannt. Was bleibt mir übrig, als zu sagen: „Mit Gottes Hilfe bin ich bereit."

Ich will mich mit ganzer Kraft mühen, großherzig auf die Gnade des Herrn zu antworten und bitte deshalb alle um ihr Gebet.

Meine Bischofsweihe ist für den 7. Juni 1998 (Dreifaltigkeitssonntag) in Marx geplant.

Sie wird mir vom Apostolischen Nuntius, Erzbischof John Bukowski, dem Moskauer Erzbischof Thaddäus Kondrusiewicz und dem Bischof von Sibirien, Joseph Werth, gespendet. Mein „ehemaliger" Bischof, Joachim Reinelt/Dresden, wird auch da sein.

Unsere Kirche, in die nötigenfalls 1.000 Menschen hinein-
passen, ist zu klein. Darum wird es am Dreifaltigkeitssonntag Eintrittskarten geben.

Den Bischofsstab schenkt mir das Bistum Dresden-Meißen.
Es ist der erste Bischofsstab von Bischof Gerhard Schaffran,
der ja viele Jahre im und nach dem Krieg in Russland war ...
und mir meine ersten Reisen in die Sowjetunion finanziert
hat. Ring, Mitra und Bischofskreuz werden im Kloster Lich-
tenthal angefertigt, von sehr lieben Schwestern. Die zwei
Bischofstalare (Soutanen) werden seit heute in Rom angefertigt, wo es angeblich am billigsten ist. Trotzdem kostet
einer DM 1.100,–.

Mit sehr, sehr großer Freude lese ich fast täglich in der Post,
wie viele Menschen in Deutschland für mich beten. Der Eindruck, den die Medien vermitteln, ist demnach nicht ganz
richtig. Wenn ich hier in der Ferne in den Zeitungen lese,
scheint es, dass in Deutschland nicht mehr viel von Kirche
übrig ist.

Marx, 1. Mai 1998

Die Vorbereitungen für die Bischofsweihe laufen auf Hochtouren. Auf irgendeine Weise ist jeder in unserer Gemeinde
daran beteiligt: Seit ein paar Tagen ist es warm. Die Außen-
anlagen der Kirche sind schon grün. Die „kleine Kirche", in
der wir früher gebetet haben, wird zurzeit zu einem kleinen
Ordinariat umgebaut: Sprechzimmer (alte Sakristei), Büro
(ehemaliges Beichtzimmer) und Konferenzraum (einst Kapelle). Im Priesterseminar St. Petersburg werden die Texte

für die Bischofsweihe ins Russische übersetzt. Die Gebiets-
verwaltung von Saratow rief gestern an, um herauszufinden,
um was es hier geht. Der Gouverneur hat wahrscheinlich die
persönliche Einladung des Erzbischofs verlegt. „Bischofsweihe?" – fragte die Dame. „Wie schreibt sich denn das?"
Heute früh war ich in der Touristen-Basis, in der alle
„Deutschländer" wohnen werden. Ich hoffe, dass es allen
gefallen wird – am größten Fluss Europas mit Blick auf das
Steilufer auf der anderen Seite der Wolga. Natürlich wäre es
ein Kurzschluss, nach so einem Aufenthalt zu sagen, dass es
Russland gar nicht so schlecht geht. Die Leute leben anders,
so anders, dass wir Quartiere in der Stadt nur einheimi-
schen Gästen anbieten: nasse Wände, dunkle Treppenhäu-
ser, eine Trockentoilette auf dem Hof für 48 Wohnungen, in
denen über 50% Alkoholiker leben, Ungeziefer, das man
höchstens zum Nachbarn verjagen kann, bevor es wieder
zurückkommt usw.
Am 15. April hatte unser Bürgermeister große Versprechungen gemacht, die sich jetzt eher als Versprecher entpuppten.
Nach seinen schönen Zusagen (Busse für die Gäste, das teu-
erste Ferienlager, Stadtführung …) machte er sich heimlich
auf die Suche nach einem Sponsor. Zwar hat er noch keine
Antwort, aber ich weiß, wen er gefragt hat. Jener Mensch ist
in unserem ärmsten Dorf, in dem die Flüchtlinge aus Tadschikistan leben, ganz „gut" bekannt. – Kurz: Wir haben auf
die Mithilfe der Stadt verzichtet, um nicht in Kreise abzurut-
schen, aus denen wir nicht wieder herauskommen.
Am 8./9. Mai werde ich mich in Moskau zu einem ersten
Arbeitsgespräch mit dem Erzbischof treffen. Ich hoffe, dass
er mir hilft, auch wenn jeder selbständig arbeiten soll.
Es sind schon viele Termine in Planung, und das, obwohl ich
noch keinen neuen Pfarrer für die Gemeinde in Marx gefun-

den habe. Der, den ich sofort gebeten hatte herzukommen, hat vorgestern abgesagt.

Am 10. Mai werde ich zum Jugendtag in Moskau sein, vom 25.–30. Mai habe ich Exerzitien in Novosibirsk. Einen Tag später ist dort die Bischofsweihe des neuen Weihbischofs für Sibirien. Im Juli und im September sind Kirchweihen in meinem Teil der Administratur, in Sotschi und Saratow. Gern würde ich im Sommer einen Intensivkurs in russischer Sprache belegen, möglicherweise in St. Petersburg.

Die Frage meiner Aufenthaltsberechtigung ist noch nicht geklärt. Mein derzeitiges Visum läuft genau am 7.6.98, dem Tag meiner Bischofsweihe, ab und ist nicht verlängerbar. Als Weihbischof müsste ich die nächste Einladung vom Bischof bekommen, um ein neues Visum zu beantragen. Da aber die Apostolische Administratur Moskau wegen des neuen Religionsgesetzes noch nicht neu registriert ist, darf der Bischof zurzeit keine ausländischen Priester zur seelsorglichen Arbeit einladen. Die eingereichten Unterlagen wurden unbearbeitet zurückgegeben.

Unser „Städtischer Kraftverkehr" freut sich, dass er seine drei besten Busse, eine Art Vorgänger vom Ikarus 55 – DDR-Erfahrene wissen Bescheid – zur Verfügung stellen darf.

Unsere Kreiszeitung strotzte vor Stolz, als sie erfuhr, dass wieder ein Pfarrer aus Marx Bischof wird. „Marx – die Bischofsschmiede" war der Leitartikel überschrieben. Auch große Staatszeitungen schrieben nichts Negatives, nannten die neuen Ernennungen einen „geglückten diplomatischen Schritt", was sich auf das Verhältnis zur orthodoxen Kirche bezieht. Etwas spöttisch schrieben sie: „Der Polenbischof in Moskau hat einen Deutschen gekriegt, und der Deutschenbischof in Novosibirsk einen Polen."

Marx, 5. Juni 1998

Wer noch nicht in Marx war, soll wissen, er kommt ins Herz der russischen Provinz: 34.000 Einwohner und 2.000 Kühe. Auf den Straßen herrscht Gleichberechtigung. Hochspannungs- und Telefonleitungen verdecken teilweise den Blick zum Himmel. Der Wodka ist reiner als das Wasser, daher so begehrt. An Ausländer hat man sich inzwischen gewöhnt.

Unsere Kirche steht gleich am Ortseingang. Einen anderen Platz wollte uns die Stadt damals nicht geben. Sie ist 1992/93 erbaut, gilt als erste neue katholische Kirche in Russland nach der bolschewistischen Revolution von 1917 und ist u. a. auch deshalb Christus, dem König, geweiht. Früher hatte Marx eine Sankt Katharinenkirche. Sie wurde vor 14 Jahren abgerissen, als sich die ersten heimgekehrten Katholiken aus Sibirien und Kasachstan in Wohnungen zum Gebet versammelten. Ein Stein jener Kirche ist als Grundstein der neuen geweiht und links am Haupteingang zu sehen.

Die Gemeinde verdankt ihre Neugründung den Eucharistieschwestern, die – ohne Priester! – 1984 nach Marx kamen und die Menschen im Glauben unterrichteten. Seitdem ist unermesslich viel Segen durch ihre Katechesen und ihr bescheidenes, fröhliches und mutiges Beispiel auf die Gemeinde gekommen. Zurzeit leben neun Schwestern in Marx. Heute zählt die Gemeinde etwa 130 Besucher in der Stadtsonntagsmesse. Das ist halb so viel wie vor ein paar Jahren, als es noch viele Russlanddeutsche hier gab. Trotzdem zählt Marx zu den größten katholischen Gemeinden in Russland. Die Verhältnisse sind anders als im Westen. Die Außenstationen sind im Schnitt 50 Kilometer von hier entfernt. „Nur noch", darf man sagen, denn es gibt schon einige Priester mehr als früher. Die Gemeinde ist arm. Es gibt fast keine Intellektuellen, viele Arbeitslose, verschiedenste psychische Leiden, Alkoholiker. Das nächste Kindergeld soll im Herbst ausgezahlt werden.

In Marx wird es heute nur eine kurze Begrüßung in der Kirche geben. Danach fahren die „Deutschländer" gleich weiter ins Ferienlager an der Wolga. Wir hoffen, dass das Hochwasser die Busse nicht an der Durchfahrt hindert. Man hat in Wolgograd 500 Kilometer flussabwärts die Staumauer dicht gemacht, damit die Fische in den Seitenarmen laichen können.

Marx, 2. September 1998

Heute war ein sehr langer Tag: Eine meiner alten Außenstationen hatte mich „angefordert". Seit einem Jahr war kein Priester dort, aber es gibt eine Kapelle mit Allerheiligstem. Darum bin ich gestern hingefahren. Für die 240 Kilometer habe ich fast acht Stunden gebraucht. Eine Straße war so unterspült, dass ich Umwege fahren musste. Die Leute hatten geduldig gewartet. Bis in die Nacht hinein waren Beichten zu hören, eine hl. Messe zu halten und sogar eine Taufe zu spenden. Heute Vormittag bin ich zurückgekommen, musste die Schreibtischarbeit eines Bischofs erledigen und am Abend hielt ich noch Katechese in einem der näheren Dörfer.

Der Rubel fällt alle Tage. Die Not nimmt wieder einmal zu. Das Geld, das ich von der Bischofsweihe übrig habe, und das ist noch ziemlich viel, verschenke ich an Menschen in besonders katastrophalen Lagen, nehme es für die laufenden Kosten der Pfarrei und spare einen Teil für den Kauf einer sehr großen Wohnung in Saratow, in der neben meinen Diensträumen auch Wohnungen für mich, für Schwestern und Gäste eingerichtet werden sollen. Ebenso wird dort auch das Büro vom Generalvikar sein.

Eine freudige Nachricht: Der Konvent unserer Schwestern hat vier Mädchen aufgenommen, die nun bald das Postulat beginnen werden. Damit ist ihre Zahl auf 14 angewachsen. Damit stellen sich jedoch auch finanzielle Probleme ein: Bis jetzt hatte ich den Schwestern monatlich etwa DM 500,- als Gehalt aus der Spendenkasse gezahlt. Für 14 Personen ist das zu wenig. Wenn ich bei der alten Rechnung bliebe, müsste ich jetzt DM 700,- geben, aber damit werden sie nicht auskommen. Lebensmittel sind noch teurer geworden. Ein Sack Zucker (50 kg) hat letzte Woche 170 Rubel gekostet, heute ist er für 300 Rubel zu haben usw.

Schon öfter stellte man mir die Frage, ob ich Bischof oder Weihbischof bin. Die Antwort: Bischof sind beide. Per Dekret habe ich alle Rechte eines Diözesanbischofs, das heißt, die Jurisdiktion im Süden des europäischen Teiles von Russland. Der Moskauer Erzbischof könnte nur zu Besuch kommen. – Zum Glück macht er noch viel mehr: Er schlägt sich im Namen aller Bischöfe in Russland mit dem neuen Religionsgesetz herum und gibt mir viele gute Ratschläge. In etwa einem Monat treffen wir uns, um die Gründung der russischen Bischofskonferenz zu besprechen.

Die Schule hat nach drei Ferienmonaten wieder begonnen. Eins der Probleme vieler Eltern ist jetzt der Kauf von Schulbüchern. Kostenlos gibt es Bücher höchstens für kinderreiche Familien, die drei Schulpflichtige haben, und auch sie müssen manche Bücher erwerben. Weil die Eltern schon lange kein Geld mehr gesehen haben, gehen die Kinder ohne Bücher zur Schule. Die Lehrer sind das gewohnt. Oft führt das natürlich zu schwachen Lernleistungen, manchmal sogar zum Sitzenbleiben. Eins der nötigen Schulbücher kostet zwischen DM 4,– und DM 30,–. Pro Kind in den oberen Klassen muss man 2–3 Bücher kaufen.

Marx, 17. Oktober 1998

Auf meine Bitte um Hilfe beim Kauf von Schulbüchern und Unterstützung des Schwesternkonvents in Marx, der sich nach einer neunmonatigen Novene um Berufungen um vier junge Mädchen vergrößert hat, wurde großherzig geantwortet. Bis zum 15. Oktober sind DM 4.000,– für Schulbücher und fast DM 10.000,– für den Lebensunterhalt der Schwestern eingegangen. Vergelt's Gott! – Im Namen aller.

Für Schulbücher brauchten wir nur noch ein Fünftel der eingegangenen Summe. Den „Rest" möchte ich an Familien mit Kindern verteilen, die sehr verängstigt auf den kommenden Winter schauen. Gestern war ein junger Vater von zwei Kindern bei mir und sagte: „Ich kann nicht mehr. Das Gehalt vom Juli, das mir jetzt ausgezahlt wird, reicht nicht für mich allein. Das Geld ist nichts mehr wert." Er scheint von Natur aus ein Asket zu sein. Trotzdem war ich erschrocken, als ich gestern in sein bittendes Gesicht sah, das hautüberzogenen Knochen glich. Wie viel Geduld werden die Menschen noch haben, wie viel Kraft? Soziale Verschlechterungen kündigen sich nicht nur an.

Wenn ich den Schwestern nun ein Jahr lang monatlich pro Schwester DM 75,– Gehalt geben kann, ist das den Spendern aus Deutschland zu verdanken. Niemand muss befürchten, dass die Schwestern das Geld für etwas Unnötiges ausgeben. Erst heute musste ich wieder mahnen, dass sie sich wenigstens am Sonntagnachmittag ausruhen, wenn es schon an den Abenden der Wochentage nicht geht. – Und: Die Schwestern geben von ihrem Gehalt ab. Sie haben einen ganzen Kreis armer Leute, den sie mit Lebensmitteln versorgen. Sie sagen mir nicht genau die Namen … möchten es heimlich tun. Darum mische ich mich nicht ein.

Vor drei Tagen hatten wir hier in Marx eine sehr schöne Priesterkonferenz. Alle 14 Priester der nördlichen Hälfte meines (Fast-)Bistums waren gekommen. Es herrschte eine so friedliche, fröhliche, brüderliche Atmosphäre, dass alle gestärkt davon nach Hause fuhren. Auch ich bin froh, mit solchen Priestern arbeiten zu dürfen.

Ab Montag werden die Schwestern aus Kasachstan und Sibirien hier sein, um ihr Fernstudium langsam zum Abschluss zu bringen. Es wird das vorletzte Studientreffen in Marx sein, bevor ich ihnen dann – als Bischof – die Missio Canonica geben möchte. Aber hierfür bedarf es noch einer „Diplomarbeit" und eines richtigen Examens. Das werde ich ihnen gleich am Montag früh erzählen, damit sie das Studium auch ernst nehmen.

Zum Thema „ernst nehmen" noch ein paar Worte:

Am Ende der Versammlung der Vorsitzenden der europäischen Bischofskonferenzen in Valamo/Finnland warteten wir am Taxi auf die Abfahrt zum Flugplatz. Neben Kardinal Ruini stand ein zweiter Bischof aus Italien, hinten am Kofferraum – ich mit meiner etwas bunten Tasche. Als das ungeduldige Italienisch der Herren endlich einmal von ein paar Brocken

Englisch unterbrochen wurde, merkte ich, dass sie auf den Bischof aus Russland warteten. „Das bin ich", musste ich sagen. Da konnten wir losfahren. – Ein Taxifahrer in Rom wollte mich fast verprügeln und deutete mir an, dass er mich für geisteskrank oder einen Betrüger hielt, als er meinen Bischofsring sah. „So junge Bischöfe gibt es nicht!", meinte er. Und dass ich nicht Italienisch konnte, war ihm noch eine Bestätigung. – Bei der folgenden Konferenz im Vatikan kam ein Bischof zu mir, hob seine Brille an und las aus 20 cm Entfernung mein Namensschildchen, auf das natürlich auch der Titel geschrieben war. „Tatsächlich, ein Bischof!" war seine Reaktion. Er hatte zuvor einem anderen nicht geglaubt, der es ihm gesagt hatte. – Und schließlich der Heilige Vater selbst, der mich am 23.03.98 ernannt hatte: Am 7. Oktober, nach der heiligen Messe in seiner Hauskapelle, stellte auch er fest, dass er die heilige Messe mit einem sehr jungen Bischof gefeiert hatte. Ich konnte ihm nur erwidern, dass das nicht meine „Schuld" sei, sondern seine. – Ein einziger alter Bischof fand Worte des Trostes: „Dass Sie ein junger Bischof sind, ist ein Problem. Aber glauben Sie mir, es wird mit jedem Tag kleiner." Zurzeit bin ich mit meinen 37 Jahren der jüngste Bischof der Welt. Aber das wird sich ändern.

Auch wenn es in der Welt so lustig zugeht, bin ich doch wieder sehr froh, in Marx zu sein. Ich spüre sehr: Hier bin ich zu Hause.

Pjatigorsk, 13. Februar 1999

Kurz vor Beginn der Fastenzeit melde ich mich aus einer meiner Gemeinden vom Fuß des höchsten Berges Europas. Heute Vormittag habe ich mit vier alten Leutchen heilige Messe in Deutsch gefeiert. Der einzige Mann, der gekommen war, gab seiner Zufriedenheit mit den Worten des greisen Simeon Ausdruck: Nun kann ich in Ruhe sterben. Ich wurde viel im Auto hin und her gefahren und hatte Zeit zum Überlegen. Was mir immer mehr Kopfzerbrechen bereitet, ist der große Mangel an Priestern, Ordensschwestern und anderen Helfern in meinem Bistum. Darum möchte ich meine Not mitteilen. Gerade jetzt am Anfang der vorösterlichen Bußzeit möchte ich alle, die eine geistliche Verbindung hierher halten, um ihr verstärktes Gebet bitten, denn nach etwa 15 Absagen bin ich immer noch Pfarrer in Marx, habe eine Handvoll müder Priester der ersten Generation nach der Wende, die gern wieder nach Hause gehen möchten, weil sie mit ihrer Kraft am Ende sind, kenne mehrere Städte, in denen es Gemeinden geben könnte, wenn jemand vor Ort wäre, der die Sache in die Hand nähme und mehr noch ins Herz. Ich habe viele gute Priester, um die ich mir aber große Sorgen machen muss, weil sie keinen Urlaub nehmen wollen. Und ich soll ein Ordinariat aufbauen. – Wer also noch überlegt, welchen Vorsatz er sich für die Fastenzeit nehmen soll, möge bitte prüfen, ob er z. B. ein bestimmtes tägliches Gebet für die Kirche im Süden Russlands beten könnte.

Marx, 23. Februar 1999

Ein wenig möchte ich aus meinem Bistum berichten.
Flüchtlingsfamilien aus den ehemaligen Sowjetrepubliken:
Flüchtlinge gibt es besonders im Kaukasus, aber auch sehr
verstreut in den Weiten der russischen Provinz. Ein Beispiel
habe ich seit 1992 besonders vor Augen: Mit Mitteln der Bun-
desregierung wurden im ganz kleinen Dorf Stepnoje, 50 Kilometer von Marx entfernt, in Richtung Kasachstan, 84 Wohneinheiten errichtet. Das sind Ein- und Zweifamilienhäuser.
Sie wurden für Flüchtlinge aus Tadschikistan und Usbekistan
geschaffen, die 1992/93 wegen Bürgerkriegen in ihrer Heimat
Hals über Kopf mit höchstens zwei Reisetaschen in der Hand
zu uns nach Russland kamen. Damals träumten noch viele
vom Wiedererstehen der Autonomen Republik der Wolgadeutschen bei Saratow. Vor Ort kümmerte sich keiner um die
frierenden, hungrigen Zugereisten, die oft ohne ausreichende
Dokumente waren. Manche haben tagelang im Keller gesessen, bevor sie die Flucht aus der Stadt wagten, haben erlebt,
wie ihre Wohnung geplündert wurde usw. Wir hörten in Marx
von den angekommenen Großfamilien, die gewöhnlich mit
ein bis zwei anderen Familien in ein Zimmer mit frisch beto-
niertem Fussboden eines ehemaligen Wohnheimes einquar-
tiert wurden. Aus der Pfarrei brachten wir ihnen Lebensmittel
und Kleidung, Schuhe und Medizin. Etwa 12 Familien erinnerten sich zu dieser Zeit an ihre christlichen Vorfahren und
nahmen unser wöchentliches Angebot zur Glaubensunter-
weisung an. Innerhalb eines Jahres wurden alle in die damals
im Bau befindlichen Wohneinheiten in Stepnoje umgesie-
delt. Arbeit haben sie bis heute nicht. Sie werden im Sowchos
nicht gebraucht. „Stepnoje" heißt übersetzt in etwa Steppen-

dorf. Im doppelten Sinn ist das die Wahrheit. Die Menschen leben dort ohne Hoffnung. Initiativen werden durch das unmögliche Steuersystem unterdrückt oder kommen wegen der enorm hohen Alkoholikerquote unter den Hoffnungslosen gar nicht erst auf.

Wir, das heißt die Schwestern und ich, ich bin immer noch als Pfarrer von Marx tätig, fahren gewöhnlich zweimal in der Woche hinaus. Zurzeit unterrichten wir zwei Erwachsenengruppen, eine Jugendgruppe und eine Kindergruppe. Zur hl. Messe versammeln wir uns im Wohnzimmer einer alleinstehenden Witwe, Tante Emilia. Auf den zusammengezimmerten Brettern finden etwa 50 alte und junge Leute Platz. Im Sommer wollen wir wieder 25 Kinder aus Stepnoje für ein paar Wochen nach Marx holen, a) um ihnen Nachhilfeunterricht zu geben, b) um sie einmal richtig zu füttern, denn sie wissen kaum, was Fleisch ist, c) um sie die Gemeinschaft der Kirche erleben zu lassen und d) um sie Mensch sein zu lassen; viele, wirklich viele Eltern trinken.

Jugendwallfahrten

Am 4.2.99 wurde in St. Petersburg die Russische Bischofskonferenz gegründet. Jeder der vier Bischöfe ist Vorsitzender von je zwei am gleichen Tag gegründeten Kommissionen der Bischofskonferenz. Meine Bereiche sind „Laien, Jugend, Bewegungen" und „Pastoral und Berufung". Das sind sehr schöne Aufgaben, die viel Beweglichkeit verlangen, Beweglichkeit auch im einfachsten Sinn des Wortes. Gläubige in Russland haben Kirche – außer in der eigenen Gemeinde – kaum erlebt. Wer heute in Deutschland bewusst zur Kirche gehört, wird dankbar auf Begegnungen in Jugendhäusern und auf die Teilnahme an Großveranstaltungen zurückblicken. Solche Erlebnisse prägen den Glauben und festigen die eigene Entscheidung. Sollte das auch in Russland möglich sein? In Russland, wo man viele Hundert Kilometer fahren muss, um die Nachbargemeinde zu besuchen?

Ich möchte Wallfahrten organisieren, obwohl wir keine altehrwürdigen Heiligtümer haben, zur Wallfahrt gehört ja nicht nur das Ziel, sondern auch der Weg, Jugendexerzitien durchführen, obwohl sich nur selten ein Platz dafür anbietet, thematische Werkwochen und Wochenenden organisieren ... größtenteils auf Regionalebene. Eines meiner Dekanate ist so groß wie Deutschland. Ähnliches soll natürlich auch im größeren Maßstab, das heißt auf Landesebene, geschehen. Im Sommer '99 wird sich die Jugendarbeit in meinem Bistum voraussichtlich auf Orenburg, Marx, Sotschi und Rostow konzentrieren. Eine Methode der Eigenbeteiligung hat sich bewährt: Jugendliche erarbeiten sich in der Pfarrei mit Ausbesserungsarbeiten, Garten, Bau, Caritas usw. ihre Fahrkarten zur Teilnahme an Veranstaltungen.

„Datschen"

Für DM 150,– kann man ein kleines Feld vor der Stadt, eine sog. Datsche, kaufen. Dort bauen die Leute Gemüse und Kartoffeln an, auf die sie im kommenden Winter angewiesen sind. Hilfe zur Selbsthilfe ist nötig, denn eben diese DM 150,- entsprechen heute 2.000 Rubeln, d. h. vier guten Monatsgehältern. Aber wer verdient heute überhaupt noch Geld?! Konkret müsste der Kauf über die Pfarrei erfolgen, dann bleibt die Möglichkeit zu kontrollieren. Wir haben seit zwei Jahren gute Erfahrungen mit einer Datsche gemacht, die meiner Haushälterin gehört. Wir haben sie an besonders Bedürftige abgegeben. Im vergangenen Jahr zum Beispiel an zwei litauische Familien mit insgesamt sieben Kindern. Im Frühling werden Datschen verkauft.

Hunger in der Provinz

Mitte Februar, Frost und Schnee, eisiger Wind. Nachts halb eins klingelt jemand an meinem Häuschen. Ich denke, ich träume. Es klingelt zum zweiten Mal. Beim vierten Mal bin ich an der Tür und frage, wer draußen sei. Häufig sind es Betrunkene. Es ist Sascha, 16 Jahre, ehemaliges Sektenmitglied der Satanisten, auf deren Konto viele schwere Gewalttaten in Russland gehen. Letztes Jahr im Sommer waren er und seine Mutter mit seinen zwei Geschwistern obdachlos geworden. Damals zogen sie von Bekannten zu Bekannten. Höchstens für einen Monat fanden sie Unterschlupf, und das bei Alkoholikern. Man sah der Mutter an, dass sie bessere Zeiten erlebt hatte. Ihr Mann diente als Offizier bei Altenburg. Der Kleinste, Rinat, ist in Deutschland geborgen. Bei der Rückkehr nach Russland hatte sich der Vater von der Familie getrennt. Sie zogen zur Großmutter. Als die jedoch im vergangenen Jahr starb, saßen Mutter (Galina, 40), Sweta (18, in der Ausbildung zur Krankenschwester), Sascha (16, Abschluss der 8. Klasse) und Rinat (10) auf der Straße. Als sich Galina an die katholische Kirche wandte, war das vielleicht schon ihr letzter Ausweg. Sie war auf Enttäuschung gefasst. Als ich ihr jedoch Geld für sechs Monate Miete in einem kleinen Häuschen gab – ohne eine solche Vorauszahlung willigt kein Vermieter ein – sank sie auf der Straße unter Tränen zusammen. Von einem Rest kaufte sie Mehl. Seitdem verkauft sie gebackene Teigtaschen auf dem Basar, im russischen Winter, von morgens bis abends. Wenn sie am Tag zwei Mark fünfzig verdient, ist sie glücklich. Es reicht für neues Mehl und ein Essen zu Hause. Vor zwei Wochen hat sie sich schwer erkältet und schickte deshalb den Kleinen zum Verkaufen. Er aber hat das meiste selbst gegessen und seinen Freunden davon abgegeben. Damit waren die Vorräte am Ende. Außerdem ist der Februar der 6. Monat. Sie müssen raus aus dem Haus. Jetzt stand Sascha vor meiner Tür. Nachts halb eins.

Er stammelte, kaum verständlich, dass es seiner Mutter ganz schlecht ginge. Ich öffnete. Sascha erzählte mir, dass die Mutter mit schweren Krämpfen zu Hause läge. Um elf hatten sie die Schnelle Medizinische Hilfe angefordert. Der Arzt hatte ihr eine Spritze gegeben und versprochen, dass in einer halben Stunde alles gut wäre. – Als die Krämpfe auch nach 90 Minuten nicht nachließen, schickte Sweta ihren Bruder zu mir. Das sind Leute, die vor sechs Monaten noch ohne jede Beziehung zur Kirche waren! Da ich wusste, dass die Mutter, wie viele Menschen in Russland, irgendwann getauft worden war, nahm ich das Öl für die Krankensalbung mit. Und sie empfing das Sakrament. Ich verstand, dass die Krämpfe ihre Ursache in der Hoffnungslosigkeit des gegenwärtigen Augenblicks hatten. Nach einem längeren Gespräch beruhigte sie sich. Sweta konnte mit den Massagen aufhören und sich schlafen legen.

Andere Beispiele: In der Zeitung steht, dass Obdachlose in Saratow Hunde geschlachtet und gegessen haben. – Im Krankenhaus muss man seine Verwandten selbst mit Essen versorgen, auch Bettwäsche, Spritzen und vieles andere muss man mitbringen.

Wowa, 13 Jahre, hat drei Geschwister. Der Vater arbeitet in Balakow, 100 Kilometer von zu Hause entfernt. Er kommt ganz selten nach Hause. Die Mutter sitzt gewöhnlich ohne Geld daheim. Die Kinder sind so blass wie ein Blatt Papier, unterernährt in der Wachstumsphase. Beim EKG wurde bei Wowa ein schwerer Herzschaden diagnostiziert. Dreimal habe ich der Familie seitdem mit einer Spende von je 600 Rubeln geholfen. Die Mutter musste mir jeweils eine konkrete Abrechnung des Geldes vorlegen. Wir hatten verabredet: Nur für Lebensmittel für die Kinder. – Beim erneuten EKG und anderen Laboruntersuchungen wurde festgestellt, dass Wowas Organismus nur zu wenig Kraft hatte. Sein Herz ist gesund.

Marx, Palmsonntag, 28. April 1999

In diesen Tagen, in denen die ganze Welt von den Schrecken im ehemaligen Jugoslawien bewegt ist, hat man uns trotzdem nicht vergessen und mit Spenden unterstützt. Ich möchte sehr dafür danken und bestätigen, wie notwendig diese Hilfe ist. Die Wolga ist noch zugefroren und nicht ein Schneeglöckchen blüht, aber die kärglichen Wintervorräte der Menschen sind aufgebraucht. Tagtäglich stehen Bittende vor meiner Tür, nachdem ihnen alle anderen verschlossen blieben. Und sie bitten nicht wenig. Der Ehrlichkeit halber muss ich dazu sagen: Es ist längst bekannt, dass sonst keiner öffnet. Weder Gehalt noch Kindergeld oder Rente werden zurzeit ausgezahlt. Arbeitslosenunterstützung oder andere Formen sozialer Hilfe existieren nicht. Nervenstarke Mütter versinken in Depressionen, weil sie ihre hungrigen Kinder nicht ernähren können. Vor ein paar Tagen erschreckte uns die Nachricht, dass sich in Marx eine Mutter von vier Kindern deshalb vom Balkon zu Tode gestürzt hatte. Pater Stephen, ein Priester aus Schottland, ist der einzige verbliebene Ausländer in Vladikavkas (Nord-Ossetien). Andere plagen sich mit Kirchbau und „Mafia" ...
Schon einen ganzen Monat habe ich keine Reisen unter-

nommen, weil der Umzug nach Saratow Schwierigkeiten bereitet, aber auch genug Arbeit auf dem Schreibtisch liegt. Ich schäme mich vor den Absendern unbeantworteter oder gar ungeöffneter Briefe und habe noch wenig Vorstellung von meinen neuen Pflichten in der Bischofskonferenz. Die Priester haben begonnen, mich mit ihren Anliegen zu besuchen. Wie schön wäre es, wenn ich mehr Arbeit verteilen könnte. Ich bin mir sicher, es will Frühling werden in der Kirche Russlands.

Vorgestern und gestern hatten wir die Reliquien der katholischen Schutzpatronin Russlands, der heiligen Theresia von Lisieux hier. Es waren bewegende Tage mit viel innigem Gebet. Schon in den neun Tage vorher hatten wir mit allen eine Novene gebetet – auf Wunsch der Gemeinde: um einen neuen Pfarrer. Die Kirche war so voll wie zu Weihnachten. Wir hatten sie bis Mitternacht geöffnet und früh wieder ab acht. Es war keine Euphorie, die manche bei solchen Gelegenheiten befällt, sondern geballte, andächtige, ehrfürchtige, dankbare Stille, in der die Gemeinde, aber auch viele orthodoxe Gäste, ihre Herzen vor der heiligen Theresia ausschütteten, um eine persönliche Fürsprecherin bei Gott zu haben.

Morgen fliege ich in den Süden des Bistums, um am Montag die „Missa chrismatis" mit den Priestern zu feiern, die den Palmsonntag schon bei +20°C im Schatten erleben. Über Nacht komme ich zurück und feiere am Dienstag mit den anderen aus dem noch verschneiten Norden hier in Marx die gleiche Messe mit Weihe der heiligen Öle.

Ab Gründonnerstag werden meine acht Seminaristen bei mir sein, um die Kar- und Osterliturgie mit ihrem Bischof zu feiern. Mein Generalvikar muss leider am Gründonnerstag in den Kaukasus fliegen und von dort nach Irland ausreisen,

weil ihm die Behörden hier sein Aufenthaltsrecht nicht verlängern „können".

Saratow, 1. Juni 2000, Christi Himmelfahrt

„Ich war im Gefängnis, und ihr habt mich besucht."
(Mt 25,36)

Heute ist kein Arbeitstag.
Gestern Abend bin ich aus Mordowien zurückgekommen.
Mordowien ist eine Republik im Norden meiner Apostolischen Administratur. Dort gibt es die einzigen Gefängnisse
für Ausländer in Russland.
Ich war allein mit dem Auto gefahren, denn Begleitpersonen
werden nicht hineingelassen. Wo hätten sie drei Tage lang
bleiben sollen? Es gibt nur Wald und Sümpfe und Mücken.
Die Kühe, die morgens aus den Dörfern getrieben werden,
kommen statt am Abend bereits nach einer Stunde zurück,
weil sie es vor Mücken nicht aushalten. Eine Kuh ist dieser
Tage dort erstickt, weil ihre Lunge voller Mücken war!
Pfarrer Andrews, ein Ire, der die Gefängnisse seit drei Jahren
besucht und nur 300 Kilometer entfernt wohnt, hatte mir in
Moskau einen Passierschein für zehn der sechzehn sogenannten Kolonien besorgt. Er erwartete mich.
Das bedrückende Gefühl begann, als ich von den Hauptstra-
ßen abbog und zum ersten Mal das Schild „Sperrgebiet" las.
Bald darauf folgte ein Kontrollposten. Und weiter ging es
viele, viele Kilometer durch den Wald. Hin und wieder kreuz-
ten kaum benutzte Eisenbahngleise die Straße, bis plötzlich

Barrikadenzäune, Sandstreifen, Stacheldraht, Blechlampen und Wächterhäuschen auftauchten: die erste Kolonie. Jede Kolonie ist ein kleines Staatsgebilde. Vor ein paar Monaten wurde ihr neunundsechzigjähriges Bestehen gefeiert. Gefeiert? – Vor 69 Jahren schrieben wir das Jahr 1931! Das ist die Zeit, in der Priester, Ordensleute und Bekenner des Glaubens verhaftet und verschleppt wurden. Tatsächlich fand ich diesmal heraus, dass es hier solche Zeugen gegeben hatte. Von litauischen und ukrainischen Priestern war die Rede. Die Friedhöfe im Wald existieren noch. Natürlich ohne Beschriftung der Gräber. Bis 1985 waren die Kolonien hermetisch von der Außenwelt abgeriegelt. Es gab auch einen gesonderten Platz für deutsche Kriegsgefangenengräber. Inzwischen wachsen wieder Bäume darauf.

Heute sind von den etwa 400 Ausländern, die meist aus afrikanischen Ländern, aber auch aus Vietnam, Amerika, Deutschland und den ehemaligen Ostblockstaaten stammen, 270 in „Kolonie Nr. 22" untergebracht. Die anderen, weil der Platz nicht ausreicht, unter Tausenden Russen irgendwo im Wald. Die meisten sind wegen Drogenhandels oder –gebrauchs verurteilt. Teilweise wurden sie im Transitbereich auf Moskauer Flughäfen aus den Passagieren herausgefischt, und nun sind sie für sieben Jahre hier. Für Schwerverbrecher gibt es gesonderte Kolonien, zum Beispiel „Nr. 4", die ich zum zweiten Mal besuchte. Ich hörte aber auch Schicksale wie dieses hier: Ein Afrikaner, der im Wald in Moskau einen Mantel gestohlen hatte, wurde sofort zu zwei Jahren Gefängnis verurteilt … Studenten aus armen Ländern, die zu Zeiten des Sozialismus kostenlos an russischen Universitäten studierten, sind ins Drogengeschäft abgerutscht, um nicht ohne Diplom nach Hause zurückzukehren. Einst hatten sie sich von Verwandten und Freunden das Geld für den Flug nach Russland geborgt. Die Angehörigen wissen nun seit Jahren nichts von ihren Kindern, denn diese schämen sich zu schreiben, wo sie sind. Andere Briefe werden nicht weitergeleitet, da es bei den Kontrollen keine Dolmetscher gibt, die die französische oder englische Sprache übersetzen können. Auch nach der Entlassung kehren die wenigsten in ihre Heimat zurück. Es ist sehr schwer und teuer, die notwendigen Dokumente zu beschaffen. Nigerianer, die wegen eines Drogendeliktes im Ausland inhaftiert waren, werden bei ihrer Rückkehr in der Heimat noch einmal fünf Jahre inhaftiert.

Auch eine Frauenkolonie konnte ich besuchen. Die meisten haben Kinder, die nun ohne Mutter aufwachsen.

Zum heutigen Zeitpunkt sind in Russland 1.250.000 Menschen inhaftiert. Männer, Jugendliche, Frauen. Jeder fünfte Mann zwischen 18 und 45 Jahren „sitzt"!

01.06.2000: *Kolonie* 22, *Kirche*

Vorgestern, am 30. Mai 2000, habe ich doch wohl erstmals in der russischen Geschichte eine katholische Kirche in einem Gefängnis geweiht, nämlich in Kolonie Nr. 22, wo ausschließlich Ausländer leben.

Das Gedenken an die erstmals hier Inhaftierten hat mich dabei sehr berührt. Wir brauchten keine „zusätzlichen" Reliquien. Der Kirchbau war eine Initiative von Pfarrer Andrews. Die Durchführung übernahm der Lagerchef mit den Gefangenen. So ist die Kirche der „Heiligen Familie" von Menschen aus fünfzig Ländern der Erde erbaut worden. Der fröhliche Gottesdienst und ein anschließendes Konzert mit selbst gebauten Instrumenten zogen sich über mehrere Stunden hin. Lied und Tanz sind für Afrikaner oft eins. Selbst als alle mehr oder weniger erschöpft am Ende der Messe um einen persönlichen Segen baten, konnte ich ihnen nur schwerlich die Hände auflegen, weil keiner stillhielt. Die Bedeutung dieses Tages ist kaum zu überschätzen. Abgesehen von der schlechten Versorgung der Gefangenen – der Staat hat andere Sorgen – war ich betroffen von Kolonie Nr. 21. Das ist die Tuberkulose-Kolonie. Im Krankenhaus liegen 130 Gefangene isoliert von den anderen. Nebenan sind es Tausend, die bereits wieder arbeiten können. Die meisten waren vor ihrer Inhaftierung gesund. Erst in der Moskauer Untersuchungshaft haben sie sich angesteckt. Auch jener Afrikaner, der den Mantel gestohlen hatte. Dank sei Gott, dass es hier in Nr. 21 wie auch in Nr. 22 einen guten Lagerchef gibt und einen guten Arzt. Die TBC-Forschung in Russland wurde sehr intensiv und mit Erfolg betrieben, auch wenn sich die Behandlungsmethoden von westeuropäischen unterscheiden. „Uns fehlen nicht Medikamente, sondern Instrumente!", sagte mir der Arzt. Soweit ich weiß, bereitet die Caritas ein gesamtrussisches TBC-Hilfsprojekt vor. Was mir am Herzen liegt: Die Kranken, unter ihnen auch Aidsinfizierte und Sterbende, liegen ohne Bettwäsche auf den Pritschen. Im Haushaltsplan der Kolonie sind 100 Laken und Bezüge pro Jahr vorgesehen. Gebraucht werden zehn- bis zwanzigmal mehr! Auch an Bekleidung fehlt es. Neben einem jungen sterbenden Afrikaner, der seine Verwandten nicht mehr sehen wird und dessen Leichnam sicher auch nie nach Hause überführt werden kann, lag ein völlig nackter, zusammengekrümmter, alter russischer Mann. Ein Afrikaner deckte ihn für ein paar Minuten mit seinem eigenen Laken zu, als ich ins Zimmer kam. Manche Wächter gehen auch hier in grobem Ton mit den Gefangenen um. In einem Fall wurde ich Zeuge einer solchen Situation. Auf beeindruckend ruhige und sehr bestimmte Weise brachte ihn der Arzt zum Schweigen. Später habe ich mich mit dem Arzt hingesetzt und gerechnet: Die Gefangenen könnten selbst Bettwäsche nähen. Ein Meter Stoff kostet 12 Rubel, das sind 5 DM. Um eine Zeit lang, zum Beispiel für die nächsten zwei Jahre, zu helfen, werden 2.000 Bezüge, Laken und Kissen benötigt. Ein wenig könnten wir also vielleicht helfen?

Es war nicht mein Ziel, über die Erniedrigungen zu schreiben, denen Gefangene Tag für Tag ausgesetzt sind, noch wollte ich ihre Schuld rechtfertigen. – Ich durfte Gefangene besuchen und wollte davon berichten, bevor ich mich morgen wieder für ein paar Tage in Termine vor Ort stürze. – Heute Abend fahre ich zur hl. Messe nach Marx. Mir scheint es, als wäre ich eine Ewigkeit nicht dort gewesen.

Marx, 4. Juli 2000

Es wird eine weit bessere Ernte als in den vergangenen Jahren geben. Jeden Tag regnet es ein wenig. Für die Kinder- und Jugendarbeit ist das jedoch nicht ganz so schön.

Aus verschiedenen anderen Gründen haben wir unsere Kinderwoche in Marx auf die letzte Juliwoche verlegt. Dennoch haben wir heute 15 Kinder nach der Abendkatechese aus einem Dorf mitgebracht: All jene, die zu Hause nichts zu essen haben. Obwohl alle wussten, dass die Kinderwoche verlegt ist, hatten manche ihre Beutel mit den nötigsten Sachen schon fertig gepackt zu Hause stehen, in der Hoffnung, dass wir sie trotzdem mitnehmen.

Mit drei Autos haben wir sie in heftigem Gewitterregen auf schlammigen Straßen in die Stadt geholt. In den Autos, in meinem jedenfalls, herrschte fröhlichste Stimmung. Jetzt sind die sieben- bis vierzehnjährigen Kinder in den Quartieren untergebracht. Morgen schlafen sie aus und dann geht's los: Zwei meiner Seminaristen aus St. Petersburg absolvieren zurzeit ihr Praktikum in Marx. Sie kümmern sich um Katechesen, Spiele, Spaziergänge usw. Und eine Mutter, die, ohne zu übertreiben, mit ihrem Kind am Verhungern war, wird für die Kinder und sich selbst hier bei mir kochen. Gestern haben wir alles Nötige eingekauft. Vorgestern noch schickte jene Frau ihren kleinen Sohn am Abend zu den Schwestern mit einem Zettel in der Hand: „Barmherzige Schwestern, gebt uns bitte ein Stück Brot ..."

Unter den Kindern aus dem Dorf sind einige, die wegen nervlicher Überforderung in den vergangenen Monaten zu Bettnässern geworden sind. Ein großes Mädchen hat einen Monat lang ohne einen Tag Unterbrechung von morgens halb sieben bis abends sechs bei jemandem auf dem Feld gearbeitet, um sich das Geld für ein paar ganz einfache Schuhe zu verdienen. Ohne diese hätte sie nicht in die Stadt kommen können. Sie saß froh und still im Auto. Eine Kleine hingegen kam barfuß in Gummistiefeln. Nicht wegen des Regens.

Zwei dieser Kinder werden wir ein wenig beobachten müssen. Ihre Mütter wecken sie zu Hause jede Nacht und schicken sie zum Stehlen ins Dorf. Wenn sie vor Müdigkeit oder aus Angst vor den vielen frei laufenden Hunden nicht gehen wollen, werden sie geschlagen, bis sie einwilligen.

So haben wir eine zusätzliche Kinderwoche, die nicht eingeplant war. Allem Anschein nach wird sie sehr fröhlich werden. Dass wir Lebensmittel für diese Woche kaufen konnten, verdanken wir in diesem konkreten Fall denen, die meinen Eltern in der letzten Zeit gesagt haben: „Er wird schon wissen, wofür er die Spende am nötigsten braucht." Dem Mädchen in den Gummistiefeln werden wir auch ein paar Sandalen kaufen.

Ansonsten das Übliche. Gestern hat wieder einmal ein guter Priester abgelehnt, nach Marx zu kommen. Diesmal war es ein Litauer, den ich aus meiner Zeit in Tadschikistan kannte. Einer meiner Pfarrer hatte einen Verkehrsunfall. Ein Kleinwagen hatte einen Lkw gerammt. Dieser wich aus und rollte direkt auf den Pkw des Priesters zu. Hinzu kommt, dass das alles in einem politischen Krisengebiet geschah und schlimmer noch: Im Kleinwagen saß der fünfzehnjährige Sohn des Polizeichefs am Steuer …

Abends fallen mir immer eher die Sorgen und Freuden eines Pfarrers ein. Um über die eines Bischofs zu schreiben, müsste ich mich wahrscheinlich am Tage hinsetzen. Aber wann? Ähnlich war es an dem Tag, als mir der Nuntius sagte, dass ich Bischof werden soll. Ich widersprach mit den Worten des Kirchenrechts, denen zufolge ein Bischof einen Doktortitel haben sollte. Der Nuntius antwortete ruhig: „Das können Sie nachholen." Ich fragte: „Wann denn?" „Wenn Sie in Rente gehen", war die Antwort.

Marx, 9. August 2000

Gestern Abend um elf Uhr bin ich mit der letzten Maschine von Frankfurt wieder in Moskau gelandet, nachdem ich vorgestern ausreisen musste, um ein neues Visum zu bekommen.

Am Moskauer Flughafen nutzten die Taxifahrer den Bombenanschlag in der Innenstadt, der wenige Stunden zuvor 7 Tote und 95 Verletzte gefordert hatte, um die Preise in die Höhe zu treiben. Öffentliche Verkehrsmittel fahren nachts nicht. So musste ich DM 100,- für ein Taxi in die Stadt hinlegen. So viel kostet jetzt ein Flug von Moskau nach Saratow. Angeblich waren die Ausfahrtsstraßen gesperrt, sodass die zehn am Flughafen vorhandenen Taxis wahrscheinlich die letzten waren. Wir fuhren direkt über den Puschkinplatz, wo es immer noch aussah wie in einem amerikanischen Katastrophenfilm: Unzählig viele Polizeiautos, ein Durcheinander von Menschen, TV-Korrespondenten mit Kameras und Scheinwerfern …

Ich schlief ein paar Stunden in der Wohnung des Pfarrers von St. Ludwig. Als ich morgens bemerkte, dass ich verschlafen hatte, fand ich mich vier Minuten später unten auf der Straße auf dem Weg zur U-Bahn wieder. Zum Inlandflughafen benötigt man von dort aus zwei Stunden! Nun spürte ich auch wieder die Blasen in den neuen Schuhen, aber mir wurde auch bewusst, dass ich mich noch nicht gewaschen hatte. Überpünktlich am Flughafen eingetroffen, musste ich feststellen, dass meine Maschine noch nicht einmal in Saratow abgeflogen war. Zum Mittagessen war ich dann doch noch zu Hause. Bei mir sind zurzeit ein Jesuitenpater und ein Architekt mit Ehefrau zu Besuch. Wir tauschten uns über die letzten großen und kleinen Ereignisse aus. Dann ging es schon an die Arbeit: letzte Vorbereitungen für den Weltjugendtag in Rom, Erledigen von dringender Post ... schon war es halb fünf, höchste Zeit für die Abfahrt nach Marx, denn: Früh bin ich Bischof, abends bin ich Pfarrer.

Zur Messe kam ich pünktlich, nur die Leute, die zur Beichte anstanden, musste ich auf morgen vertrösten. Nach der Messe hatte ich ein Gespräch mit einer Frau aus der Ukraine, die den weiten Weg hierher zu ihrer Mutter gewagt hatte, weil sie zu Hause mit ihren Kindern dem Verhungern nahe ist. Im nächsten Monat (!) erwartet sie ihr drittes Kind. Sie will zurück, weil ihre anderen beiden Kinder zu Hause ohne Essen sitzen. Die Nachbarn haben versprochen, nach den Kleinen zu schauen. Ihre Mutter gehört zu unserer Gemeinde. Sie ist selbst krank und arm, einst Pädagogin, bis vor Kurzem Putzfrau. Neulich ist sie wegen einer Herzschwäche in der Kirche zusammengebrochen und für eine reichliche Woche ins Krankenhaus eingeliefert worden.

Während des Schnellimbisses (Abendbrot) traf ich eine unserer beiden afrikanischen Ärztinnen aus Kamerun, die in Wolgograd Medizin studiert haben und nun ihre Anerkennungsjahre absolvieren, bevor sie nach Hause zurückkehren. Sie helfen mir im Sommer bei unseren Kinder- und Jugendveranstaltungen, versorgen aber auch die Kranken in der

Gemeinde. Dann fuhr ich endlich einmal wieder „ins Dorf", das heißt in eins der Dörfer, die von Marx aus betreut werden. Die Menschen begrüßten mich wie einen Verwandten. Die Freude war beiderseits. Auf dem Weg zurück fuhren wir am Friedhof vorbei, um am Grab von Schwester Anna zu beten. Das war gegen 22.30 Uhr. Dann noch schnell eine kleine Dienstbesprechung, denn morgen beginnt in Marx eine Jugendwerkwoche nach dem benediktinischen Motto: Bete und arbeite. Ich selbst werde nur zeitweise dabei sein, denn in Saratow in der Kurie erledigt sich die Arbeit leider nicht von allein.

Samstag fliege ich nach Rom zum Weltjugendtag. Dort darf ich am 18. August eine Katechese für alle russischsprachigen Teilnehmer halten. Am 19. und 20. sind Begegnungen mit dem Hl. Vater geplant, bevor wir am 21. August im Bus mit unseren russischen Seminaristen über Assisi nach Mailand fahren. Danach kehren wir heim.

Am 1. August vor zehn Jahren bin ich „ausgewandert", damals nach Duschanbe in Tadschikistan. Ich wurde in meinen äußeren Nöten immer von Freunden zu Hause getragen und in meinen inneren - deutlich von Gott, der auch kleinste Mühen hundertfach belohnt.

Tarangog, 18. November 2000

Die Gemeinde in Marx wird mir mehr und mehr fremd. Ich bin sehr selten dort, meist nur schnell zur Abendmesse, um anschließend gleich wieder nach Saratow zu fahren. Dass das Gemeindeleben ohne Priester für die meisten zu schwer ist, sehe ich gerade in diesen Tagen wieder sehr deutlich. Ich bin zur Visitation am Asowschen Meer unterwegs, unter anderem in Gemeinden, die noch vor einem reichlichen Jahr einen Priester hatten. Sie sterben wie kleine, ausgesetzte Waisenkinder. Drei Generationen ohne Gott sind nicht in zehn Jahren aufzuholen.

In den vergangenen Wochen musste ich viel reisen. Ich freue mich über den Eifer mancher Priester und Ordensleute genauso wie über die sichtlich offenen Herzen der Menschen. Gleichzeitig werde ich allerorts mit großer Not konfrontiert. Heute habe ich eine Situation erlebt, die ein besonderes Ausmaß an Hilfe verlangt. Ein junger Mann, Ivan, der seit einigen Jahren zu den treuen Helfern der kleinen Gemeinde St. Markus in Asow gehört, vorher drogenabhängig war und einige Jahre im Gefängnis gesessen hatte, ist seit zwei Wochen fast taub. Was noch schlimmer ist: Ein Arzt hat bei ihm Tuberkulose im aggressiven Stadium festgestellt. Er wohnt weiterhin im Gebäude der Gemeinde, in zwei Zimmern, zusammen mit acht weiteren Personen, die keine eigene Wohnung haben. In Deutschland würde man ähnliche Räumlichkeiten höchstens als Fahrradschuppen benutzen. Auch hat er keinerlei Krankenversicherung, wie ich heute von ihm erfuhr. Darum nimmt ihn das Krankenhaus nicht auf. Er braucht fast 17.500 Rubel, das sind DM 1.460,-, damit er stationär behandelt werden kann. Die Aussichten auf Heilung sind gering. Dass er Depressionen hat, ist nicht verwunderlich. Ich würde ihm gern helfen.

Ebenfalls heute traf ich die alte deutsche Frau in Asow wieder, von der ich vor zwei Jahren geschrieben hatte. Ich war der erste deutsch Sprechende, der ihr seit Jahrzehnten über den Weg gelaufen war. Sie liegt nun krank in einem Zimmerchen im städtischen Wohnheim mit Gemeinschaftstoilette am Ende des Flures. Hier wohnen ausschließlich arme Leute, arm durch Alkohol, Arbeitslosigkeit oder Alter. In gutem Deutsch hat sie mir heute von ihren zwei Töchtern erzählt, die sie im Alter von sieben und acht Jahren alleinlassen musste, weil sie wegen ihrer Nationalität und wegen ihres Glaubens für sieben Jahre inhaftiert worden war. Ihr Mann war damals bereits „abgeholt", der Onkel, ein katholischer Priester, wurde vor ihren Augen in der Kirche erschossen. Sie erinnerte sich an viele Momente ihres Lebens, zum Beispiel an den Tag, an dem man sie im Gefängnis an einer ausgehobenen Grube in die Knie stieß, in das Loch starren ließ und schrie: „Gibt es Gott oder nicht?!" Auch unter schweren Schlägen war sie in diesem Moment lieber bereit zu sterben, als Gott zu leugnen. Als sie entlassen wurde, fand sie ihre vierzehnjährigen Kinder wieder, die sie anflehten, nie wieder ein deutsches Wort in den Mund zu nehmen. Von Marx wage ich kaum zu schreiben. Seit dem 1. Oktober gibt es dort viele neue Postulantinnen und Novizinnen. Der Klosterbau geht langsam voran. Das Dach wird gerade noch vor dem Winter fertig werden. Die Fenster sind eingebaut. Es liegt schon ein wenig Schnee.

Einer guten Familie, die seit acht Jahren in einem Schuppen wohnt, weil sie ein Haus bauen wollte, gerade als die Inflation begann, ist im Sommer der Stall abgebrannt. Beide Eltern haben einen Hochschulabschluss. Dennoch reicht zu Hause das Geld nicht einmal für Winterschuhe. Eins der drei Kinder, Maxim, hat eine Hausstauballergie. Alle Bücher mussten deshalb aus dem Haus, ebenso die Federbetten. Auch hier würde ich gern helfen. Zu Christkönig werde ich wieder in Marx sein. Direkt danach beginnt eine Tagung unserer Bischofskonferenz in Irkutsk, acht Flugstunden von Saratow entfernt.

Marx, 1. Januar 2001

Nachdem die wichtigsten Jahresabschlüsse vor Weihnachten gemacht waren, konnte ich das Büro in Saratow in Ruhe verlassen und die Aushilfsdienste in Marx übernehmen. Trotzdem gab es natürlich das Pontifikalhochamt in der Kathedrale und ein paar Arbeitstage in der Kurie vor Neujahr. Insgesamt habe ich einen kleinen Einblick in die Lage der Menschen vor Ort in Marx und Stepnoje bekommen. Damit sie nicht in Vergessenheit geraten, möchte ich wieder ein wenig von ihnen erzählen.

Die Weihnachtsfeiertage waren für viele ein Höhepunkt des Heiligen Jahres. Ich selbst habe mich besonders über die beiden Krippenspiele gefreut: Am Heiligabend spielte die Jugend, alle Texte gesungen, viele Solos ... Am 25. Dezember spielten die ganz Kleinen. Ihre Texte waren gereimt.

Eine junge Mutter kam geradewegs aus dem Krankenhaus direkt in die Weihnachtsmesse. Sie hatte vor wenigen Tagen eine kleine Maria geboren. Noch bevor sie nach Hause ging, wollte sie in die Kirche. Ihr Mann begleitete sie. Zwei ihrer Töchter spielten gerade vorne beim Krippenspiel mit. Erst als es zu Ende war, sprangen sie durch die Kirche und riefen: „Mama zeig!" Sie hatten ihr Schwesterchen vorher noch nicht gesehen. Die ganze Familie bereitet sich seit einem Jahr auf die Taufe vor. Das Häuschen, in dem sie wohnen, steht der Behausung in Bethlehem kaum nach.

Wir konnten Dank der Hilfe aus Deutschland vielen zu Weihnachten eine Freude bereiten, indem wir Lebensmittel bzw. Geld für Lebensmittel weitergaben. In Stepnoje, dem Flüchtlingsdorf, in dem sehr viele arbeitslos sind und zu trinken begonnen haben, mussten mir die Leute unterschreiben, dass nicht eine Kopeke für „Getränke" ausgegeben wird. Doch das war diesmal das kleinere Problem. Kurz vor Weihnachten war ein Fahrzeug vom Elektrizitätswerk aus der Stadt gekommen und hatte Haushalt für Haushalt von der Stromversorgung abgeklemmt, weil die Leute ihre Stromrechnungen nicht mehr bezahlten. Dass auch die Arbeitenden unter ihnen seit April kein Gehalt bekommen hatten, interessierte die Elektriker nicht.

In manchen Haushalten halfen wir bei der Anschaffung von Kleinvieh. Auch eine Kuh war darunter. Denen, die im vergangenen Jahr Kühe bekommen hatten, helfen wir nochmals mit Futter für den Winter.

In Marx habe ich einen neuen Hausmeister. Ich kenne ihn seit 9 Jahren. Damals war Mischa ein braver Ministrant. Später lernte er in der Ferne verschiedene praktische Berufe. Schließlich kehrte er arbeitslos nach Hause zurück. Inzwischen hat Mischa eine kleine Familie. Zwei Monate hatte ich ihn auf Probe angestellt. Ab heute bekommt er einen unbefristeten Arbeitsvertrag. Es ist wichtig, dass sich täglich jemand im Kirchengelände aufhält. Die Zahl der ungeladenen Gäste nimmt zu. Beinahe jede Nacht klopft jemand an die Tür oder ans Fenster. Nach dem gewaltsamen Tod des Pfarrers in Astrachan beunruhigt es doch ein wenig, wenn nachts Fremde um das kleine Pfarrhaus schleichen. Gewöhnlich frage ich jetzt, wer vor der Tür steht, bevor ich öffne. Neulich war es nach Mitternacht ein Betrunkener, der anfangs nicht antworten wollte, dann aber rief er mit flehender Stimmer: „Pater, gib mir 20 Rubel, mein Bruder ist gerade gestorben." Das muss noch übersetzt werden: Gestorben bedeutet „umgefallen" und der Bruder ist die Flasche Wodka, die 20 Rubel kostet.

Unsere Schwestern müssen manchen Spießrutenlauf über

sich ergehen lassen, da das neue Haus, das wir bauen, in der ganzen Stadt „Kloster" genannt wird. Nach hiesiger Vorstellung haben sie aber kein Recht, ein Kloster zu bauen, denn sie sind keine staatlich registrierte Ordensgemeinschaft, zu Deutsch: kein „eingetragener Verein". Also bauen sie ein Wohnhaus, was ja der Realität entspricht. Dadurch sparen wir außerdem einen beachtlichen Teil der späteren Wasser-, Strom- und Telefonkosten. Aber keine Behörde will die für den Baufortschritt notwendigen Genehmigungen erteilen. Die Hausoberin ist täglich auf der Baustelle. Hoffentlich hält sie bis zuletzt durch.

Momentan gibt es in Marx 15 Ordensschwestern. Eine von ihnen muss in den kommenden Tagen nach Hause fahren, weil es neuerdings zwischen Georgien und Russland eine Visapflicht gibt. Ungewiss ist, ob es ihr gelingen wird, die notwendigen Einreisedokumente nach Russland zu bekommen. Die Schwestern sind, wie gesagt, nicht staatlich registriert, dürfen also auch niemanden über längere Zeit einladen.

Es ist bereits Mittag. Ringsherum aber noch ganz still. Wir haben um Mitternacht am Beginn des neuen Jahrtausends eine hl. Messe gefeiert als Abschluss der gestrigen Anbetung vor dem Allerheiligsten. Die Kirche war in der Nacht voll wie am Sonntag. Wie kann so etwas sein, an Silvester? Im Grunde einfach: Ich hatte allen zwei Beispiele erzählt, als erstes, wie Kaiser Otto III. im Bußgewand auf dem kalten Steinfußboden des Aachener Domes liegend um Mitternacht Christus an der Schwelle des zweiten Jahrtausends erwartete. Und als zweites, wie ein Moskauer Politiker vorgestern auf die Frage, wie er wohl das neue Jahr beginnen möchte, antwortete: „Jahreswechsel, das bedeutet Kraut, Möhren, Gurken, Knoblauch …" – Dann habe ich gesagt:

„Jetzt entscheidet selbst, wo ihr um Mitternacht seid! – Später könnt ihr mich ja zum Knoblauch einladen."
Die Jugend ist heute früh um sechs Uhr nach Hause gegangen. Scheinbar waren meine beiden Ferien-Seminaristen auch bis zum Schluss dabei. Wie kann man sonst so lange schlafen? Ich packe morgen früh eine kleine Tasche und fliege am Abend zu Exerzitien. Am 10. Januar werde ich wieder in Saratow sein. Zwei Tage später wird in Kaliningrad (ehem. Königsberg) das Große Jubiläum 2000 auf gesamtrussischer Ebene seinen Abschluss finden. Dann beginnen bald wieder die Reisen in die Gemeinden. – Marx ist immer noch ohne Priester.

Saratow, 14. März 2001

Manchmal ist das alltägliche Leben wie die Seiten eines Buches, das mit seinen schwarzen Buchstaben bunte Bilder malt. Es erfrischt und lässt wacher auf den nächsten Tag achten.
Also, es geht um nichts Besonderes. Ich musste einfach wieder einmal zum Friseur. Hier begann das Problem. Um von dem Frisierstuhl wieder herunterzukommen, brauchte ich eineinhalb Stunden! Und das ohne allen Schnickschnack. Zum einen ist es schwer für mich, irgendwann am Tage Zeit für solche Dinge zu finden. Die Friseure haben gewöhnlich ab 10.00 Uhr geöffnet. Wenn mein Arbeitstag endet, haben sie längst geschlossen. Zum anderen, und das ist noch schlimmer, schlafe ich ein, wenn ich so lange still sitzen muss.

Vorgestern hatte ich am Bahnhof zu tun. Ein gewöhnlicher russischer Bahnhof in einer gewöhnlichen russischen (fast) Millionenstadt. Es gibt allerdings nur einen Bahnhof. Nur eine Tür des riesigen Gebäudes ist im Winter geöffnet. Alle Notausgänge sind aus Energiespargründen verriegelt. In der Bahnhofshalle stehen lange Schlangen vor den Schaltern. Flüchtlinge aus dem Süden schlafen großfamilienweise auf dem Boden. In jedem Wartesaal ein kleiner Fernseher, vor dem sich Hunderte die Augen wund sehen. Stände kleiner Händler. Schlechte Luft. Geht man die Treppen nach oben, ist es ein wenig wärmer. Dort entdeckte ich ein großes, neues Schild: „Friseur". Sofort fiel mir mein Problem ein. Ich hatte wenig Zeit, eilte hinein und fragte die drei herumstehenden Damen, die mich wie einen Bankräuber anschauten, von wann bis wann sie geöffnet hätten. „Von 7.00 Uhr bis 21.00 Uhr", hieß es. „Pünktlich ab sieben?", fragte ich. „Ja." Am nächsten Morgen, also gestern, war ich wieder da. Die Tür stand offen. Drei Friseusen waren dabei, ihre Arbeitsplätze herzurichten. Mein „Guten Morgen!" verriet mich als Ausländer. Darum bat mich die Chefin selbst, Platz zu nehmen. Die anderen beobachteten mich in den Spiegeln. „Waschen?" Dann zeigte sie auf das Waschbecken in der Ecke. Das einzige im Salon. Es war ein wenig tief angebracht. Stehend neigte ich den Kopf hinein. Die Mischbatterie funktionierte nicht sofort. Es blieb keine Zeit, „heiß!" zu rufen, schon kam es kalt. Aus dem Abfluss presste sich kräftiger Chlorgeruch. Dann reichte sie mir ein Handtuch vor die Nase. „Abtrocknen", sagte sie kurz, aber freundlich. Dann saß ich auf dem Stuhl. Eingeschlafen bin ich nicht. Alles war interessant. Nicht so, wie in den teuren, modernen Kosmetiksalons der Stadt. Im Spiegel sah ich direkt hinter mir durch das Fenster die Wagen des Moskauer Zuges, die zur Abfahrt bereitstanden. Auf dem Tischchen vor mir standen große, abgegriffene Dosen, deren Inhalt ich nicht erriet, Kämme, Bürsten, meine Brille und – die Brille der Friseuse. Die russische Fachsprache im Frisiersalon beherrschte ich nicht. Die Dame gab das Fragen bald auf und schnitt drauf los. „Von der Reise?", fragte sie neugierig. Das klang in meinen Ohren etwas anders, als sie es gemeint hatte. „Wieso, rieche ich so?", fragte ich zum Spaß zurück. Gleichzeitig rief sie ihren beiden Kolleginnen zu: „Habt ihr Teewasser aufgesetzt?" Eine der beiden telefonierte gerade nach Hause, fragte, ob auch alle aufgestanden wären, die andere war immer noch beim Anziehen ihrer Kittelschürze. Während meine „Behandlung" gute Fortschritte machte, setzten sich die beiden freien Arbeitskräfte vor den Spiegel und begannen, sich selbst zu frisieren. Mit weit ausholenden Armen zupften und drehten sie ihre Haare zurecht. Da geschah das Unterwartete: Noch ein Kunde. Ein feiner Herr hängte seine Lederjacke an den Nagel an der Tür. „Nicht da! Hier!", rief eine der beiden jungen Damen. Sie befürchtete, dass die schöne Jacke dicht an der Tür zur Gelegenheit für Diebe werden könnte.

Draußen im großen Bahnhofssaal brodelte es von Menschen aller Nationalitäten. Im hellen, einfarbigen Hemd mit Krawatte schritt der Herr zum Waschbecken. Schon wenig später zeigte sich, dass er nur zum Haarewaschen gekommen war. Jetzt tauchte eine junge Dame im Laden auf, auch eine Friseuse, wie sich zeigte. Warum sie so spät käme? Sie hätte zu Hause Linsen gekocht. Die wollten nicht weich werden.

Die arg nach Knoblauch duftende Chefin hatte ihre Arbeit beendet. Meine Augen suchten nach dem Föhn. Schon hatte sie ihn in der Hand. Gut, dass ich kein Elektriker bin. Mit uneingeschränktem Vertrauen ließ ich die Prozeduren über mich ergehen. Als sie jedoch beim Bartschneiden dauernd mit dem Kamm an meinen Kehlkopf stieß, hatte ich instinktiv den Gedanken im Kopf: „Einmal noch und …" Weiter kam ich nicht. Aus einer der alten Dosen holte sie eine Klinge für ihr Rasiermesser hervor. Als sie bemerkte, dass die Klinge nicht mehr ganz sauber war, holte sie – für den Ausländer – eine aus ihrer Schürzentasche. Draußen stand inzwischen der Zug namens „Lotus", nach Astrachan, ans Kaspische Meer. Plötzlich sagte sie: „Fertig!" War ich doch eingeschlafen.

Zweimal billiger und zweimal schneller als in der Stadt. Zufrieden verließ ich den Salon mit einem freundlichen, beiderseitigen „Auf Wiedersehen!" Ich drängte mich durch die Bahnhofshalle auf die Straße. Dicht neben der Wechselstelle setzten einige Schwarz-Wechsler wie Tiger zum Sprung an, als sie mich Frischfrisierten kommen sahen. Aber ich war ein bisschen zu schnell. Fröhlich tauchte ich in der Menge unter. Draußen schien die Sonne. Es begann zu tauen. Ich nahm den Stadtbus Nr. 2 und kam pünktlich zu meinem ersten Termin um 8:00 Uhr.

Saratow, 18. August 2001

Vor vier Tagen besuchte ich unsere Gemeinde in Astrachan. Ein Thermometer in der Sonne zeigte an, dass es wärmer als 60 Grad war. Am gleichen Tag las ich in der Zeitung: Astrachan bereite sich auf den Winter vor. Anlass meines Besuches war ein Gedenktag für den vor neun Monaten ermordeten Pfarrer der Gemeinde, das Patronatsfest und die

Einführung des neuen Pfarrers, eines Franziskanerpaters aus Polen.

Astrachan ist eine Stadt aus dem 17. Jahrhundert. Der alte Kreml, eine Stadtburg, ist erhalten, ansonsten viel Sowjetisches, Hitze, Schmutz. In der Stadt leben über 80 Nationalitäten. Die Straßen gleichen einem großen Basar. Ein junger Mann, Eduard, 34 Jahre, begann vor einiger Zeit, Kinder zu „sammeln". Gewöhnlich findet er sie im Winter in den Fernheizungsschächten oder unter den Kanalisationsdeckeln. Zurzeit wohnen bei ihm sieben solcher Jungen und Mädchen zwischen sechs und sechzehn Jahren. Sie sind von zu Hause fortgelaufen, weil sie kein Zuhause mehr hatten. Die Eltern verkauften die Wohnungen für Drogen oder Wodka und leben nun selbst auf der Straße, wenn sie überhaupt noch leben. Die Kinder wissen es nicht.

Die Polizei hatte jedes der Kinder schon mehrmals ins Kinderheim eingeliefert. Von dort waren sie aber immer wieder fortgelaufen, denn es herrscht ein raues Regime unter den Insassen. Dass die Kinder selbst drogenabhängig waren, versteht sich von selbst. Fünf von ihnen kommen jetzt auch ohne den „Stoff" zurecht. Jedes Jahr im Frühling, sobald es warm wird, ziehen Hunderte aus allen „Deckeln" der Stadt ins riesige Wolgadelta. Dort leben sie den ganzen Sommer über auf Flößen im Schilf. Einer von Eduards Jungs hat ihn mitgenommen. „Allein wäre ich nicht lebend zurückgekommen", meint Eduard. „Es ist wie eine schwimmende Stadt voller Straßenkinder", sagt er. „Sie werden von ehemaligen Strafgefangenen regiert. Wenn jemand stirbt, wird er ins Wasser geworfen."

Warum ziehen die Kinder dieses Leben vor? Die Geschichte von Olga, heute 15 Jahre alt, antwortet konkret: Olga stand Donnerstagabend neben mir, als wir uns nach der Abendmesse mit den Leuten zu einem Foto aufstellten. Ich hielt sie für einen Jungen. Tatsächlich tut sie seit vielen Jahren alles, um für einen Jungen gehalten zu werden. Als sie von Zuhause weggelaufen war, weil sie von Verwandten missbraucht wurde – ähnliches höre ich oft – fischten andere sie mehrmals aus den Kanälen unter der Stadt, um perverse Videoaufnahmen mit ihr zu drehen.

Eduard müht sich nach Kräften um die Kinder. Er hat eine Gabe dafür. Aber das ist zu wenig. Es geht mir nicht um Geld. Ich kann Eduards Projekt kaum unterstützen. Allein wird er mit Talent und gutem Willen nicht weit kommen. Er müsste zur Schule gehen oder geschulte Fachleute an seiner Seite haben. Die Mädchen brauchen eine Frau, der sie sich anvertrauen können. Was wird, wenn Eduard plötzlich – auch wenn es heute nicht den Anschein macht – etwas anderes anfangen will und die Kinder im Stich lässt? Wer übernimmt die bleibende Verantwortung für die Heranwachsenden? Wie lange wird die Stadt noch zuschauen?

Vor diesem Hintergrund ist Marx eine Idylle. Gestern waren über 300 Erwachsene und Kinder zur Abendmesse gekommen, um mir anschließend zum Geburtstag zu gratulieren. Aus den zwei ärmsten Dörfern kamen die Leute mit einem Bus, dessen 34 Plätze mit 72 Personen besetzt waren. Gegen die zerrissenen Schuhe der Kinder wollen wir vor Schulanfang noch etwas tun. Schulbücher haben wir bereits gekauft. Von meinem Besuch in den Ausländergefängnissen werde ich hier nicht ausführlich berichten. Ich habe mich selbst überzeugt, dass Pater Andrews das Projekt „Bettwäsche für die Gefangenen" verwirklichen konnte. Auch die Verpflegung und die medizinische Versorgung der Schwerkranken ist besser geworden, so sehr, dass ein Tuberkulosekranker in diesem Gefängnis deutlich höhere Überlebenschancen hat als ein Tuberkulosekranker in Freiheit.

Mein Generalvikar wird den ganzen August in seiner Heimat in Irland verbringen. Wir hoffen, dass sein Gesundheitszustand die Rückkehr am 2. September erlaubt. Die Kurie in Saratow wird bis Ende August auf absoluter Sparflamme laufen. Als einziger Priester im gesamten Gebiet Saratow werde ich mich hauptsächlich in Marx aufhalten, um den Klosterbau vor dem ersten Regen so weit wie möglich voranzubringen.

Marx, 24. Oktober 2001

Die Nachricht vom neuen Pfarrer für Marx hat sich schnell herumgesprochen: Pater Stanislaw Hoinka, Jahrgang 1936, aus Warschau hat die Christkönigsgemeinde am 14.10.01 übernommen. Er wohnt zurzeit noch oben in der Kirche, weil das Pfarrhaus renoviert wird bzw. ich immer noch mit meinem Umzug nach Saratow beschäftigt bin. Die Taschen reichen nicht aus, um alles mit einem Mal nach Saratow zu bringen. Besonders die Bücher sind schwer. Es gibt hier keine Möbelautos. Pater Stanislaw spricht kein Deutsch. Nicht am Tag der Übergabe, sondern vorgestern, als ich kurz vor sechs von Saratow kam und vor Beginn der spärlich besuchten Abendmesse hinten in der Kirche stand, kamen mir die ersten melancholischen Gedanken ... Ich habe in die Kirche und auf die Leute geschaut, die nicht mehr „meine" sind. So ziemlich die ganze Messe über ging mir das nicht aus dem Kopf. 10 Jahre! So lange habe ich noch nie in meinem Leben an ein und demselben Ort gewohnt.

In Saratow hat die Arbeit geduldig auf mich gewartet. Jetzt

sitze ich jeden Tag und oft auch abends vor dem alten Post-stapel und arbeite ihn ab. Am liebsten würde ich eine Stun-de Null ausrufen und alles Alte in den Papierkorb schieben. – Unmöglich.

Vorgestern habe ich mit dem Provinzial einer polnischen Franziskanerprovinz einen Vertrag unterzeichnet, mit dem ich die Seelsorge in der Pfarrei Astrachan dem Orden über-geben habe. Mit den Salesianern und den Redemptoristen habe ich bereits ähnliche Vereinbarungen abgeschlossen. Heute will mich ein orthodoxer Priester, der katholisch wer-den will, besuchen. Ich habe bereits einige solcher Anträge daliegen. Das Thema ist heikel. Morgen kommt der neue deutsche Generalkonsul von Saratow zum Mittagessen. Ich weiß nicht, ob er katholisch ist. Es ist eine Art Antrittsbe-such. – Das riecht alles nach Bischofsalltag. Gleich bekom-me ich wieder einen Mee-laan-choo-lie-anfall!

Schon in ein paar Tagen muss ich Russland wieder verlas-sen. Ich hatte vergangene Woche in Deutschland nur ein Visum für 30 Tage bekommen, das man nicht verlängern kann. Besser als nichts, dachte ich und griff zu. In einem Monat jedoch stehen uns große Ereignisse bevor. Darum muss ich bereits jetzt fahren, um dann wieder zurück zu sein. Am 20. November wird das neue Kloster in Marx ein-geweiht. Leider machen es Schnee und Frost unmöglich, wichtige Außenarbeiten zu beenden. Am 23. November, dem Fest des ehemaligen Bistumspatrons Clemens von Rom (Patron der Diözese Tiraspol, gegr. 1848, Bischofssitz: Sara-tow), genau zwei Jahre nach der Errichtung unserer Aposto-lischen Administratur, werde ich in Saratow unseren ersten Priester weihen. Weihekandidat – Deutsch, Bischof – Deutsch, Priesterweihe – in Russisch.

Saratow, 15. Januar 2002

„Wohin fliegen Sie?", fragte mich die Diensthabende vor Jahren auf einem der Moskauer Flughäfen. „Nach Marx an der Wolga", gab ich in gebrochenem Russisch zur Antwort. Sie lachte mich aus und meinte: „Sie meinen wahrscheinlich nach Engels." Marx ist auch in Russland ein unbekanntes Nest, wie es Tausende gibt. Vergessen von der großen Politik, unerwähnt in den Nachrichtensendungen, unbeachtet von den herausgeputzten Großstädten, verlassen ... von Gott?

Nein, im Gegenteil! 1991 kam ich in dieses graue, heruntergekommene Städtchen und übernahm eine katholische Gemeinde, die zum allergrößten Teil aus Russlanddeutschen und deren Nachfahren bestand, die jahrzehntelang auf einen Priester gewartet hatten, nicht hier an der Wolga, sonder dort, wohin sie verschleppt waren, in der Steppe Kasachstans oder in Sibirien. Hierher waren sie Anfang der achtziger Jahre zurückgekehrt. 1984 nahmen Ordensschwestern ihre Arbeit auf, und 1987 kam ein Priester, der erste seit 1936, Pater Josef Werth, der heutige Bischof von Novosibirsk.

Schon lange vor der Deportation der Wolgadeutschen, Ende August 1941, wurden ihre Kirchen enteignet oder zerstört und ihre Gemeinden zerschlagen. Am grausamsten richtete sich der Hass des neuen Regimes gegen die Priester und Ordensleute. Von den etwa 170 katholischen Geistlichen, die noch in den zwanziger Jahren des nun vergangenen Jahrhunderts an der Wolga ihren Dienst taten, starben nur zwei eines natürlichen Todes. Alle anderen wurden für immer verschleppt oder sogar vor den Augen ihrer versammelten

Gemeinden ermordet. Ich erinnere mich an die schmerzhafte Schilderung einer Großmutter aus der Umgebung von Marx, die mir als Augenzeugin in ihrem einfachen Deutsch berichtete, wie ihr letzter Pfarrer 1926 aus der Messe gezerrt wurde: „Draußen haben sie ihn auf einen Baum hinaufgejagt. Und als wir alle draußen standen, haben sie ihn runtergeschossen." Andere wurden in psychiatrischen Kliniken langsam zu Tode gequält, auf einer berüchtigten Insel im Eismeer eine lange Treppe heruntergestürzt, die Arme an einen Balken auf Schulterhöhe gebunden, oder auf dem Altar des ehemals dort befindlichen Klosters regelrecht geschlachtet. Wieder andere arbeiteten ein paar Jahre in den Uranschächten Sibiriens, bis sie zwei, drei Wochen vor ihrem Strahlentod „entlassen" wurden, entlassen in die unendlichen Sümpfe der Taiga ... Eine damalige Lagerwächterin hat mir Jahrzehnte später davon erzählt, am Tag nach ihrer Firmung. Laien, die ihren Glauben an Gott treu bekannten, mussten mit Ähnlichem rechnen. Es genügte die ehrliche Antwort der Kinder in der Schule, wenn der Lehrer fragte, wer denn zu Hause noch bete. Noch bevor die Kinder an diesem Tag nach Hause kamen, waren ihre Väter abgeholt, für immer. Und die Kinder kamen zur Umerziehung ins Heim. Es folgten Jahrzehnte der Zerstörung, die man „Aufbau" nannte. Der Mensch als Individuum wurde ausgelöscht. Worte wie „Menschenwürde" oder „Person" existierten nicht einmal mehr in Fremdwörterbüchern. Und das über drei Generationen hinweg!

Dass trotzdem Menschlichkeit übrig geblieben ist, verdanken wir heute zum Beispiel denen, die ausgehalten und ihren Glauben ohne kirchliche Strukturen bewahrt haben, die ihre Beziehung zu anderen nicht davon abhängig gemacht haben, wer sie sind oder was sie haben. Ein kleines

Häuflein war übrig geblieben: treue, ehrliche, starke Menschen, deren Glauben an Gott sich nicht in Formulierungen wie Glaubenswissen oder Überzeugung, sondern in dem Wörtchen Sehnsucht erschließt.

Diese Menschen sind „Schuld" daran, dass ich an der Wolga geblieben bin, obwohl mich der Dreck auf den Straßen, die unverschämten Behörden, eine fehlende Wasserleitung und die ganze Unlogik in allen möglichen Angelegenheiten des öffentlichen Lebens müde vom Land gemacht haben. Ich muss bekennen, dass mich nicht in erster Linie der erbärmlich geistliche Tiefstand der Bevölkerung zum Hierbleiben bewegt hat, sondern das heroische Beispiel jener starken, selbstlos liebenden Menschen. Sie übertrafen mich um ein Vielfaches in ihrer Glaubenskraft und im Eifer, mit dem sie sich um die anderen mühten, die nicht glauben konnten. Freude, Zielstrebigkeit, Arbeit an sich selbst, und alles aus einer tiefen, lebendigen Christusbeziehung heraus, das machte es mir nicht schwer zu erkennen: Ich bin Priester und werde hier als solcher gebraucht. Von 1991 bis 1998 (faktisch sogar bis 2000) war ich Pfarrer in Marx, fuhr jährlich mit dem Auto etwa 45.000 Kilometer, um die weit verstreuten Außenstationen zu besuchen, organisierte Kinder- und Jugendarbeit und gab Stück für Stück mein Pfarreiterritorium ab, denn es kamen neue Priester hinzu, aus neun Ländern der Welt: Argentinien, Irland, Großbritannien, Deutschland, Österreich, Polen, aus der Slowakei, Italien und Indonesien. Dann kam der Tag, an dem ich erfuhr, dass ich Bischof werden sollte. Was einst meine Pfarrei mit dem 47 Quadratmeter großen Pfarrhäuschen in Marx war, ist heute meine Diözese mit Bischofssitz in Saratow, viermal größer als die Bundesrepublik Deutschland. Es sind inzwischen 39 Priester und noch mehr Ordensschwestern, die Tag für Tag mit mir auf diesen Acker hinausgehen, der insgesamt immer noch einen steinigen, trockenen Eindruck macht, doch in dem wir den Schatz gefunden haben, von dem man im Evangelium lesen kann. Wir haben schon eine kleine Struktur. Vor ein paar Tagen zum Beispiel wurde unsere Diözesancaritas staatlich registriert. Zwar ist Saratow mehr oder weniger das geografische Zentrum. Bis zu den jeweiligen Enden meiner Diözese sind es 1.000 bis 1.400 Kilometer. Um jedoch die notwendigen Visitationen durchzuführen, muss ich oft über Moskau fliegen, denn die Verkehrsverbindungen innerhalb Südrusslands wurden nach dem Zusammenbruch der Sowjetunion und dem Wegfall deren trügerischer Subventionen minimiert. Um hier etwas aufzubauen, brauchte und brauche ich Hilfe. In erster Linie sind das Priester und Ordensleute, die sich mit ihrem ganzen Leben Gott und der Kirche verschrieben haben, eine gute theologische Ausbildung sowie eine echte geistliche Formung erhalten haben und die bereit sind, zumindest einige Jahre ihres Lebens hier in Russland einzusetzen. Außerdem sind wir aber auch auf materielle Unterstützung angewiesen. Das fängt bei einer Existenzhilfe für oben genannte Geistliche an. Ich bin nicht in der Lage, auch nur einem von ihnen ein monatliches Gehalt zu zahlen. Das betrifft große Projekte im Sozialbereich, aber auch den Bau von Kirchen und anderen Einrichtungen und geht bis hin zur konkreten Einzelhilfe für Studenten oder plötzlich in Not geratene Familien, die zum Beispiel das Geld für die Operation der Mutter nicht aufbringen können, ja nicht einmal die nötigen Ampullen, Spritzen und das Verbandsmaterial kaufen können, ohne die der behandelnde Arzt nicht ins Krankenhaus einweist.

Gott sei im aufrichtigen Sinn des Wortes Dank, dass es Helfer gibt!

Fünftes Kapitel

2002–2008

EIN NEUES KAPITEL IN DER KIRCHENGESCHICHTE RUSSLANDS

„Jesus Christus, der in allem uns gleich war, außer der Sünde, hat in der Finsternis des Karfreitags nicht den Sonnenaufgang des Ostersonntags gesehen. Wir aber wissen davon, wissen von dem, der unsere Finsternis hell macht."

Saratow, den 11. Februar 2002
Fest der Gottesmutter von Lourdes

Heute Mittag um 12.00 Uhr hat Papst Johannes Paul II. einen gewichtigen Eintrag ins Buch der Kirchengeschichte Russlands geschrieben, indem er eine Kirchenprovinz mit vier Bistümern errichtet hat, deren Grenzen unseren bisherigen Apostolischen Administraturen entsprechen. Es sind: die Erzdiözese „Unbefleckte Empfängnis der Jungfrau und Gottesmutter Maria" – Bischofssitz in Moskau, die Diözese „Verklärung des Herrn" – Bischofssitz in Novosibirsk, die Diözese „St. Josef" – Bischofssitz in Irkutsk, die Diözese „St. Clemens" – Bischofssitz in Saratow.

Damit ist die Wiedererrichtung der Strukturen der katholischen Kirche in Russland nach einem fast elf Jahre dauernden Prozess zu einem gewissen Abschluss gekommen.

Die Praxis, Diözesen mit Namen von Heiligen zu versehen, ist nicht ganz gewöhnlich, kommt aber hin und wieder vor, zum Beispiel in den Vereinigten Staaten von Amerika. Die Gründe für eine solche Entscheidung sind in einem umsichtigen Prozess der römischen Kurie gereift. Da Saratow schon früher Bischofsstadt war und damals der hl. Clemens I. wegen seines Martyriums auf der Krim zum Bistumspatron erwählt worden war, wurde ich nach keinem neuen Vorschlag gefragt. Wir katholischen Bischöfe Russlands haben uns beim Hl. Vater für diese Entscheidung bedankt. Längst vor dem Zusammenbruch der Sowjetunion hat er die Kirche im Osten mit liebendem Herzen begleitet.

Das Bistum St. Clemens erstreckt sich über ein Territorium von 1.400.000 km^2 und umfasst 26 sogenannte „Subjekte der Russischen Föderation" (vgl. Bundesländer). Von den 45 Millionen Einwohnern sind etwa 35.000 katholisch, mit einem lebendigen Bezug zur Kirche. In den 57 staatlich registrierten Gemeinden wirken 39 Priester aus neun Ländern der Erde. Nur einer davon ist bei mir inkardiniert (eingeschrieben), 13 in anderen Diözesen und 25 in sieben verschiedenen Ordensgemeinschaften. Kein einziger besitzt die russische Staatsbürgerschaft. Die Zahl der Ordensschwestern beträgt zurzeit 38 aus 11 Gemeinschaften. Wir haben 24 Kirchen und 17 Kapellen. Da viele Außenstationen im Umkreis von ca. 150 Kilometern um die Pfarrkirchen nicht als regelrechte Gemeinden registriert sind, kann man sich vorstellen, in wie vielen Fällen Gottesdienste und Religionsunterricht immer noch in einfachen Wohnungen, Klassenzimmern oder Kulturhäusern stattfinden.

Saratow, 28. März 2002
Gründonnerstag

Seit gestern presst sich ein heftiger Schneesturm durch die Straßen Saratows, sodass die Herzkranken eine schwere Nacht hinter sich haben und die Autofahrer nicht vom Fleck kommen, während sich vereinzelt Fußgänger nach vorn gekrümmt durch den Schnee kämpfen.

In der Wohnung nebenan frühstücken gerade meine Seminaristen. Sie sind seit Dienstag bei mir, um die Kar- und Ostertage mit ihrem Bischof zu feiern. Diese Praxis hatte mir als Seminarist in Dresden geholfen, mich in meinem Bistum zu Hause zu fühlen. Nun ist es auch hier Tradition.

Nachdem ich den Palmsonntag in zwei großen Gemeinden am Don gefeiert hatte, versammelte ich mich am Montag mit den Priestern unserer drei Süddekanate (Kaukasus, Schwarzes Meer, Don) zur Weihe der hl. Öle und zu einem Tag für die Priester in Krasnodar. Dort blühten die Bäume und sangen die Vögel. Auf dem Rückweg über Moskau schlief ich ein paar Stunden in der Nuntiatur, und am Dienstag schaffte ich es pünktlich vom Flughafen in unsere Kathedrale, um auch hier in Saratow Katechumenenöl, Chrisam und das Öl für die Krankensalbung zu weihen. Hier hatten sich die Priester aus dem Ural, von der Wolga und eben die Seminaristen eingefunden.

Die Fastenzeit in diesem Jahr hat direkt nach der Umwandlung unserer Apostolischen Administraturen in reguläre Bistümer begonnen. Dieses Thema hat uns in den vergangenen Wochen verfolgt und blieb leider bis heute auf der Tagesordnung. Gestern las ich von der Demonstration vor der Baustelle der katholischen Kirche in Pskow, wo auf einem der Transparente zu lesen war: „Wer mit dem Schwert kommt, wird durch das Schwert umkommen!" Derartige Formulierungen öffnen den Blick für den Ernst der Situation. Eine solch vulgäre Auslegung der Passion Christi stößt gläubige Menschen ab. Aber andere sind es, die hier ihre Stimmen erheben, neulich auf einer Internetseite des Moskauer Patriarchats auch gegen mich persönlich, weil ich mein Treffen mit dem orthodoxen Bischof in Kasan „brüderlich" genannt hatte. Ich muss ehrlich zugeben, dass ich noch nie so müde von diesem Land war, … – Was aber nach dem Komma schreiben? Tagelöhner laufen weg, Hirten bleiben? Herr, zu wem sollen wir gehen? Ich möchte nur ausdrücken, dass es eine kaum nachvollziehbare existentielle Erfahrung ist, wie Ohnmacht und Macht, Wut und Lüge zu einer Gewitterwolke kumulieren, die einen Punkt sucht, an dem sie sich entladen kann. Für meine lebendigen Vorbilder im Glauben ist das alles nichts Neues. Die Wurzel des Bösen bleibt immer die gleiche, nur die Blüten gleichen sich den Bedingungen der Umgebung an. Jesus Christus, der in allem uns gleich war, außer der Sünde, hat in der Finsternis des Karfreitags nicht den Sonnenaufgang des Ostersonntags gesehen. Wir aber wissen davon, wissen von dem, der unsere Finsternis hell macht.

Ich wünsche allen, die sich in den vergangenen Wochen um Umkehr, Aufrichtigkeit, Versöhnung, Nachsicht und Liebe gemüht haben, dass sie dem Auferstandenen in der Kirche begegnen, dem Hirten, der sein Schaf auf die Arme nimmt, dem Vater, dessen Freudentränen die Wangen des verloren gegangenen Sohnes benetzen, Jesus, der Zachäus auf dem Maulbeerfeigenbaum und Maria am leeren Grab anspricht. Die Osterliturgie möge kein schwerer Bühnenvorhang sein, sondern nicht mehr sein als ein feiner Schleier, durch den Christus uns anschaut und ins Leben zieht.

Saratow, 15. April 2002

Schon über zwei Monate gibt es unsere Diözesen in Russland. Und schon über zwei Monate gibt es Krach in Russland. Große Leute haben die Wurzeln des Konflikts zwischen Rom und Moskau gesucht. Und sie haben ihre Antworten gefunden. Logischerweise hat das Interesse der deutschen Medien längst nachgelassen, wie überall. Auch katholische Agenturen und Zeitungen reagieren mit Zurückhaltung, das heißt, sie halten zurück, was bei ihnen eingeht, weil es Interessanteres gibt. Damit bin ich voll und ganz einverstanden. Der Kirchbaustop Anfang April in Pskow ist schwer zu verstehen. Der dortige orthodoxe Erzbischof hatte sich mit einem Brief an Präsident Putin gewandt, in dem es heißt: „... Beleidigen Sie unser Volk nicht mit katholischer Anwesenheit! ..." Einem italienischen Priester, der schon seit 12 Jahren in Russland tätig ist, wurde bei der Ausreisekontrolle das Jahresvisum aus dem Pass entfernt. Er bemerkte es erst in Mailand. Jetzt sitzt er da, statt hier. Für den 28. April sind russlandweite Protestaktionen gegen die „Expansion des Vatikans in Russland" angekündigt. Auf der Liste stehen auch Städte in unserem Bistum: Samara, Kasan, Machatschkala und Saratow. Die Organisatoren verstehen sich als orthodoxe Patrioten. Dass sie den Termin für die Demonstrationen zufällig auf ihren eigenen Palmsonntag gelegt haben, haben sie sicher nicht bemerkt. Haben sie doch mit Kirche wenig zu tun. Kein Rechtshüter findet etwas bei all dem. Im Gegenteil: Das Saratower Justizministerium hat trotz gegenteiliger Versprechungen nur zwei schriftliche Verwarnungen erteilt. Bis zum 1. Mai, das sind noch zwei Wochen, müssen die Pfarrer im Gebiet Saratow (Saratow, Marx,

Stepnoje) durch russische Staatsbürger ersetzt sein, heißt es. Ansonsten wird der Gemeindestatus geändert, sodass die ausländischen Priester nur noch geistliche Hilfsdienste leisten dürfen. Wir könnten gern damit vor Gericht gehen, schlug das Justizministerium vor ...

Themenwechsel: Gleich zweimal in den vergangenen Tagen war ich in Stepnoje, dem Dorf, in dem fast ausschließlich Flüchtlinge der frühen neunziger Jahre leben, immer noch ohne Wasser und Gas, ohne Vitamine und Antibiotika. Es war schön, in Stepnoje zu sein, Menschen zu treffen, deren Schicksale ich kenne und ein paar Jahre lang teilen durfte. Frau Emilia Lang ist schnell alt und sehr krank geworden. Unsere Gemeinde der Muttergottes von der immerwährenden Hilfe ist in ihrer Wohnung registriert. Die Enkeltochter von Frau Lang ist inzwischen Novizin bei den Schwestern in Marx. Sie selbst muss von ihren umgerechnet 55 Euro Rente die fünf Familien ihrer großen Kinder durchbringen. Es gibt keine Arbeit in der Steppe.

Seit September unterstützt der Caritasverband für das Bistum Osnabrück die kleine Dorfschule. Seitdem funktioniert es gut mit der Schulspeisung. Die Lehrerin, von der alles abhängt, lag während der gerade vergangenen Ferien im Krankenhaus. In der Schulzeit kann sie sich es nicht leisten, sonst übernimmt ihre Stelle eine andere. Ohne diese Lehrerin könnten wir nicht garantieren, dass die Spenden aus Osnabrück für die Kinder verwendet würden.

In Marx werden nun im Frühling noch einige abschließende Arbeiten am neuen Kloster fällig: Mutterboden besorgen, den Garten anlegen, Telefonleitung, Zaun streichen ... Eine der aufwändigsten Arbeiten wird es sein, das Dach von innen zu isolieren.

Kann sich noch jemand an die „Kühe für Marx" erinnern?

Einer Dame in Deutschland hat die Idee so gut gefallen, dass sie das Geld für über 50 Kühe gesammelt hat. Eine Kuh kostet zurzeit etwa 630 Euro. Da habe ich das Projekt unseren Pfarrern angeboten, die nach Familien in den Gemeinden schauen sollten, die eine Kuh versorgen und melken können, keinen Alkoholiker in der Familie haben, der die Kuh vorzeitig verkauft, weil er nicht Milch, Butter und Käse braucht, sondern stärkere Sachen ... und die bereit sind, das erste Kalb an eine andere Familie mit Kindern zu verschenken. Nach anfänglichem Gekicher gingen die guten Stücke weg wie warme Semmeln.

Saratow, 15. Mai 2002

Die katholische Jugend Russlands versammelte sich vom 9.-12. Mai im westsibirischen Tscheljabinsk am Ural zu ihrem zweiten gesamtrussischen Jugendtreffen. Als Beauftragter für die Jugendarbeit und gestützt von den Jugendseelsorgern der vier Diözesen war ich an der Vorbereitung und Durchführung beteiligt. Aus tiefer Überzeugung darf ich sagen: Ich habe Hoffnung für Russland gesehen, junge Menschen, mit denen man etwas – im wahrsten Sinn des Wortes – anfangen kann.

Parallel zum Jugendtag versammelten wir uns erstmals seit dem 11. Februar, dem Tag der Erhebung unserer vier Apostolischen Administraturen in den Rang von Diözesen, zu einer dreistündigen Sitzung der Bischofskonferenz. Bischof Mazur, dem seit dem 19.04.02 die Einreise nach Russland verweigert wird, konnte nicht teilnehmen. Hauptthema unserer Versammlung war die inzwischen sehr dramatische Situation der katholischen Kirche in Russland. Als Minderheit von weniger als einem Prozent der Bevölkerung haben wir nicht sehr viele Möglichkeiten, auf unsere Lage aufmerksam zu machen beziehungsweise aus eigener Kraft etwas daran zu ändern. Das Interesse im Ausland jedoch beschränkt sich im Großen und Ganzen auf den kurzlebigen Verbrauchergenuss von Pressemeldungen. Dass es hier um den erneuten Verlust von Freiheit und Menschenrechten geht, das heißt um eine Rückwärtsentwicklung, ist dabei kaum jemandem bewusst.

Bei uns in der Bischofskonferenz ist der Eindruck entstanden, als ob der Westen, der so viel von der einen Welt und vom einen Europa spricht, von Neuem bereit ist, seine Brüder und Schwestern im Osten (nochmals für Jahrzehnte?) zu vergessen. Zwei Priester und ein Bischof dürfen inzwischen nicht mehr in ihre Gemeinden zurückkehren. Jeder möge sich deutlich vorstellen, was das bedeutet …

Bischof Joseph Werth, selbst Russlanddeutscher, der sich jahrelang erfolgreich für ein Hierbleiben der Katholiken aussprach, hat sich vor wenigen Tagen mit einem Brief an den Bundeskanzler gewandt, in dem er bittet, die 600.000 ausreisewilligen Deutschen so schnell wie möglich aufzunehmen, denn „mit der Religionsfreiheit in Russland ist es vorbei".

Erzbischof Kondrusiewicz bat mich erneut, keine Reisen über die Grenzen Russlands hinweg zu unternehmen. Das Risiko, nicht wieder einreisen zu dürfen, sei zu groß. Wie aber weiter? Im Oktober läuft mein Jahresvisum ab. Ich sitze wie vor einer Sanduhr.

Der Vorsitzende der Bischofskonferenz bedauerte das mangelnde Interesse und die insgesamt schwache Reaktion des Westens auf die Ereignisse in Russland. Die Deutsche

Bischofskonferenz könnte Politiker ansprechen ... Ohne solche Hilfe wird der Bischofsstuhl in Irkutsk leer bleiben. Ein Erinnerungsstück an die Freiheit?

Beetzendorf, 28. Juni 2002

Heute gehen meine Urlaubstage zu Ende, die ich in Ruhe bei meinen Eltern verbringen konnte. Mehr oder weniger war ich zum Ausruhen geschickt worden. Die Argumente meines Widerstandes waren diesmal zu schwach, auch vor mir selbst. So habe ich also den Schritt über die Grenze gewagt, noch vor Ablauf meines russischen Visums. Nun hoffe ich auf eine glückliche Heimreise.

Beetzendorf ist ein Ort, der ganz dicht an der ehemaligen Grenze der DDR zum Westen liegt. Die Wälder, Wiesen und Felder des einstigen Sperrgebietes sind still, reich an Tieren und schön. Großsteingräber zeugen von Siedlern vor fünftausend Jahren. Die zwei Dinge, die ich mir im und für den Urlaub gekauft habe, sind ein Fahrrad und ein Fotoapparat. Das Fahrrad bleibt nun hier ... bis zum nächsten Mal.

Drei Wochen – so lange hatte ich es in den vergangenen 12 Jahren noch nirgends in Ruhe ausgehalten. Ich hoffe, dass es meiner Gesundheit etwas nützt. Bis auf kleinste Ausnahmen habe ich keinen Computer „angeschaut" und kein Telefon in die Hand genommen. Natürlich weiß ich trotzdem, dass es in Saratow zurzeit +30°C heiß ist und es sich auch nachts nicht abkühlt. Ab Mittwoch kommender Woche besuche ich Gemeinden am Schwarzen Meer. In Sotschi muss ich aktuelle Bistumsfragen mit meinem Bischofsvikar besprechen, der dort Pfarrer ist. In Tuapse wird der Grundstein für eine Kirche geweiht. In Lazarewskoje besuche ich die Gemeinde, die seit zehn Jahren heilige Messe auf der dunklen bohnerwachsverschmierten Bühne eines alten Kulturhauses feiert. In Targanrog, eigentlich schon am Asowschen Meer, mache ich einen Abschiedsbesuch. Die Karmeliten lösen ihr Haus endgültig auf. Es gibt, wie mir der Provinzial schrieb, keine Priester, die sich für die Seelsorge in Russland interessieren.

Unser Generalvikar wird nun für einige Zeit Heimaturlaub machen müssen. Leider liegt die Befürchtung sehr nahe, dass sein Provinzial in Irland meint, sieben Jahre Russland seien genug. Ich muss mich mit dem Gedanken anfreunden, gegen Jahresende einen neuen Generalvikar zu ernennen.

Sommer, das heißt Kinder- und Jugendarbeit in verstärktem Maße. Am Montag warten wir in Marx auf einen jungen polnischen Priester, der bereits zum zweiten Mal seinen gesamten Urlaub in Russland verbringen will. Er wird Pater Stanislaw unter die Arme greifen, dem die Arbeit mit dem „Haufen von Quälgeistern" doch schon ein wenig schwer fällt.

Während meiner Abwesenheit wurden verschiedene Personen in Russland befragt, wie ich mich führe. Der Name der interessierten Dienststelle ist nicht offiziell bekannt. Ich vermute, dass es in Zusammenhang mit meiner Bitte um das ständige Aufenthaltsrecht steht.

Marx, 2. November 2002

Was kann man nach solchen Tagen der Geiselnahme in Moskau schreiben?

Heute ist Allerseelen. Pater Stanislaws versprochenes Jahr in Marx war am 20. Oktober zu Ende. Er ist wieder nach Kasachstan zurückgekehrt. Marx hat keinen eigenen Priester mehr. Das bedrückt mich natürlich. Von Saratow aus versuchen wir, die Gemeinde als eine Art Filiale zu betreuen: der Generalvikar, der Kaplan und ich. Notlösung! Nicht zu vergleichen mit deutschen Diasporaverhältnissen. Unsere jungen Gemeinden sind zu schwach, um allein durchzuhalten. Wir haben nicht mehr die Leute, die jahrzehntelang ohne Priester ausgeharrt hatten. Sie sind gestorben oder ausgewandert. Und die Schwestern? Von fünfzehn haben nur vier die ewigen Gelübde. Alle anderen sind in der Ausbildung. Die meisten noch sehr jung.

Ja, ich habe inzwischen wieder ein neues Visum für Russland bekommen und bin wieder „drin". Mein Antrag auf ständiges Wohnrecht wird jedoch immer noch geprüft, allem Anschein nach von denen, die für die Sicherheit des Staates zuständig sind. Eigentlich sollten sie bis zum 30.09.2002 damit fertig sein. Sechs Monate waren vorgegeben. Also erst einmal/ wieder einmal: Weiter wie eh und je. Das geht ja zur Not auch. Während meiner Abwesenheit wurde eines Nachts in die Kurie und in meine Wohnung eingebrochen. Seltsamerweise wurde wenig gestohlen. Der Polizist, der endlich aber doch kam, um den Vorfall aufzunehmen, meinte, dass es hier scheinbar um etwas anderes als Diebstahl ging ...

Ab heute sind Herbstferien in Russland. Da ich in dieser Woche nicht verreise, werde ich die Kinder aus Marx einmal zu mir nach Saratow einladen. Zuerst werden wir in den Zirkus gehen, dann in die Abendmesse in unsere Kathedrale, danach lasse ich sie bei mir in der Kurie auf dem Fußboden auf Matten übernachten. Die Eltern haben heute schon gejammert: Wir waren noch nie im Zirkus! Wir wollen auch! – Der Bus nach Saratow, die Eintrittskarten für 30 Kinder und das Abendessen kosten Geld. Für einen Antrag an die großen Hilfswerke reicht dieses „Projekt" natürlich nicht aus. – Ich hoffe, dass dieser „Wink mit dem Zaunpfahl" niemanden zu hart getroffen hat.

Für Mitte November habe ich die Dekane und den Priesterrat eingeladen, um die nächsten Schritte unseres synodalen Prozesses zu besprechen. Dabei geht es um die Motivierung der Gemeinden, aktiver an ihrem eigenen Leben teilzunehmen. Auch hier lassen sich nicht einfach Schemen anderer Länder anwenden. Die Treffen werden im Kloster in Marx stattfinden. Hier ist Platz und hier herrscht ein guter Geist. Möge er ins ganze Bistum hinauswehen, durch die Entscheidungen, die wir dann treffen werden.

Ende des Monats werden wir das Christkönigsfest feiern. Das heißt: Vor genau neun Jahren, an diesem Tag, wurde die Marxer Pfarrkirche, die erste neue katholische Kirche in Russland nach der Oktoberrevolution von 1917, geweiht. Während die Spuren der alten Zeit noch nicht verweht sind, haben die neun Jahre der neuen Geschichte bereits ihre Spuren am Gebäude hinterlassen. Wir planen verschiedene Ausbesserungsarbeiten, die im Frühjahr 2003 in Angriff genommen werden müssen. Natürlich hoffe ich, dass sich wieder jemand aus Deutschland zum Helfen breitschlagen lässt.

Saratow, 24. Dezember 2002

Hier in Russland stecken die Menschen in einer gewöhnlichen Arbeitswoche. Weihnachten wird nach dem orthodoxen Kalender ja erst am 7. Januar gefeiert. Tannenbäume
werden aber schon an allen Ecken der Stadt verkauft. Sie
werden für Neujahr, das größte und traditionsreichste russische Fest gebraucht. Weit draußen, auf dem dicken Eis der
Wolga, sitzen die arbeitslosen Angler, deren Frauen dann
am Markt die Beute verkaufen.
An jedem Sonntag im Advent habe ich eine andere Gemeinde im Bistum besucht. Ich war am Kaspischen Meer und am
südlichen Ural. Überall sind nun um die -20°C. Von Neuem
durfte ich erleben, dass unser kleines Häuflein Kirche eine
große Familie ist. Vor einigen Wochen konnte ich noch ein
paar persönliche Besinnungstage einschieben, die ich im
Heiligen Land verbrachte. Das hatte verschiedene Gründe.
Abgesehen davon, dass der Flug dorthin wesentlich billiger
ist als einer nach Deutschland, hatten mir die Heiligen Orte
schon früher geholfen, wieder klarer zu sehen in all meinen
Pflichten. Außerdem steht möglicherweise die polizeiliche
Bewilligung meines ständigen Wohnrechts in Russland bevor.
Bekomme ich es, darf ich nicht mehr reisen, wie ich möchte.
Jede Auslandsreise muss dann bei der Polizei angemeldet
und von ihr genehmigt werden. Man sagt, dass nur zwei Reisen pro Jahr erlaubt sind. Der Vorteil des Wohnrechtes ist
jedoch, dass wir dann unser Bistum offiziell registrieren lassen können, ähnlich einem e. V. in Deutschland, und niemand
mehr missbilligend unsere Aktivitäten verfolgt. Es gab noch
einen weiteren Grund für meine Reise ins Heilige Land: Die
Christen wandern aus Israel aus. Die Wallfahrtsstätten sind

absolut leer. Im vergangenen Jahr kamen noch ein paar polnische Gruppen. In diesem Jahr kam niemand mehr! Für die Ordensleute, die dort leben, ist das sehr schwer, auch wenn die Touristen manchmal eine Belastung waren. Was wird in Zukunft werden? Ich jedenfalls hatte Ruhe zum Beten. Eine ganze Nacht allein in der Grabeskirche und einen Vormittag in Bethlehem! Dort gerieten wir in die Ausgangssperre, sodass alle Straßen absolut menschenleer waren, als wir mit israelischem Nummernschild zur Geburtskirche Jesu fuhren, vorbei an Stacheldraht, von Panzern zerschossenen Häusern, zerquetschten Autos … Es war kein Problem, in der Geburtskirche, unten in der Grotte, ohne Anmeldung heilige Messe zu feiern. Nirgends war ein Mensch zu sehen, außer dem Bruder Pförtner und dem Hausoberen der Franziskaner. Für mich waren es gute Tage, und ich wünsche vielen, die ihren Weg des Glaubens suchen, dass sie ähnliche Erfahrungen machen können. Es ist nicht so gefährlich, ins Heilige Land zu reisen, wie es aufgrund der Nachrichten scheinen mag. Am Checkpoint zwischen Jerusalem und Bethlehem war kein Ausweis nötig. Die Soutane reichte.

Zurück in Russland mache ich seltsame Erfahrungen: Erstmals empfing mich der Oberbürgermeister meiner Bischofsstadt äußerst freundlich. Aus Moskau bekomme ich Weihnachtsgrüße von Parlamentariern. Die Polizei will mir – wie erwähnt – tatsächlich das ständige Wohnrecht geben. Nach achtjähriger Bemühung meinerseits.

Heute Abend feiere ich die Christnacht mit den Gläubigen in Saratow, die nach der Arbeit oder Schule zur Kirche kommen. Morgen Abend werde ich meine „alte" Gemeinde Marx sehen. Am Fest der Heiligen Familie fahre ich zu Besuch nach Stepnoje, in das Dorf unserer größten Sorgenkinder, draußen in der kalten Steppe Richtung Kasachstan.

Mir selbst geht es gut. Ich weiß und erlebe manchmal, dass ich Freunde in der alten Heimat habe, die mich und meine „Nöte" nicht vergessen. Ich möchte nun allen ein gesegnetes Weihnachtsfest wünschen. Jesus Christus, geboren in Bethlehem, will bei uns bleiben bis ans Ende der Welt. Er ist Mensch geworden, um uns das Höchstmaß an Menschlichkeit vor Augen zu stellen, wozu wir alle berufen sind. Wenn wir ihm das ständige Wohnrecht in unserem Herzen gewähren, werden wir unserer Berufung gerecht werden.

Marx, 13. Januar 2003, frühmorgens

Der Schnellzug meines Terminkalenders ist wieder einmal auf offener Strecke stehen geblieben. Dieser Winter hat es in sich. Ich will den Moment nutzen, aussteigen und berichten. Ich sitze am Computer der Schwestern in Marx. Samstag, also vorgestern Mittag, war ich aus meiner Wohnung in Saratow gestürzt, als ich feststellte, dass mein Bus eine halbe Stunde eher fährt, als ich in aller Seelenruhe beim Mittagessen dachte. Verschwitzt vom eiligen Stapfen durch den hohen Schnee zwängte ich mich in einen der kleinen Zubringer zum Busbahnhof. Als ich fünf Minuten vor Abfahrt dort ankam und die von allen Seiten drückenden, dick eingemummten Menschen mit großen Taschen bereits hinter mir gelassen hatte, blies mir ein eisiger Wind ins Gesicht. Temperaturen von minus zwanzig Grad sind dieser Tage normal. Mein Bus stand nicht da. – Hinein in den Busbahnhof. – Brille beschlägt bis zum Geht-nicht-mehr. – Alle Kassen voller Warteschlangen. Endlich finde ich die Frau, die sich

Administrator nennt und frage, was mit meinem Bus sei. „Gestrichen", antwortete diese.

Vorgestern bin ich mit einem teuren Taxi nach Marx gekommen, um hier am Abend 13 Jungen und Mädchen in die Marianische Kongregation aufzunehmen. Dabei handelt es sich um eine Kinder- und Jugendgruppe, die praktisch schon seit zwölf Jahren in Marx existiert. Der ehemalige Pfarrer, Pater Joseph Werth, brachte die Idee zur Gründung dieser Gruppe von einem seiner Besuche in Deutschland mit. Heute nennt man sie dort Gemeinschaft christlichen Lebens (GCL). Mein Taxifahrer, der seine Praxiserfahrung vom Steuer in der Roten Armee mitgebrachte hatte, schlingerte in seinem breiten Wolga über die Piste – alle Busse waren wegen Glatteises abgesagt worden – und erzählte mir von Erlebnissen der vergangenen Tage, wie er vier Besoffene für den doppelten Preis am Silvesterabend ins Dorf gefahren habe, während Lastkraftwagen und sogar ein Polizeiauto die Böschung hinuntergedonnert wären. „So glatt war das, aber ich bin durchgekommen! Als ich einen Berg hinauffahre, kommt mir von oben – schon im Dunkeln – ein riesiger Sattelzug entgegen und blinkt dauernd und ich höre etwas quietschen. Als er näher herankam, sah ich, dass er quer vor sich ein kleines Auto herschob, aber nicht anhalten konnte ..." Wir schlingerten weiter und kamen pünktlich nach Marx. Pater Artur, ein Redemptorist, der gestern einen Einkehrtag für die Erwachsenen gehalten hatte, war die ganze Woche über in Marx: Am arbeitsfreien Dienstag, dem orthodoxen Weihnachtsfest, arbeitete er den ganzen Tag über mit jungen Ehepaaren, am Mittwoch und Donnerstag hatte er Kinder aus den Dörfern hergeholt, am Samstag die Marianische Kongregation und heute hält er einen Besinnungstag für die

Schwestern vom Juniorrat, die gerade zu einem Weiterbildungskurs angekommen sind. Morgen fährt er wieder nach Hause nach Orenburg, 900 Kilometer mit dem Auto auf verwehten und vereisten Straßen. – Ich war u. a. nach Marx gekommen, um ihm zu danken. Die verwaiste Gemeinde hat bei eisigen Außentemperaturen eine Woche Frühling erlebt. Gestern hatte ich mich von Mittag an und bis zum Abend zu Hausbesuchen auf den Weg gemacht. Gerade jetzt, wo kein Priester in der Pfarrei ist, sind die persönlichen Kontakte sehr wichtig. Ohne Bezugsperson fühlen sich die Menschen doch nicht zu Hause in der Kirche. – Erst einmal haben mir zwei Schwestern eine halbe Stunde lang geholfen, mein Auto, das hier seit dem 30. Dezember im Freien stand, aus dem Eis zu hacken. Der Motor sprang sofort an, die Scheiben jedoch sind auch heute noch von dickem Eis überdeckt. Dann ging es los: von Familie zu Familie, eben zu denen, die nicht an Pater Arturs Einkehrtag teilnehmen konnten.

Ehrlich gesagt hatte ich doch schon ein wenig vergessen, wie unsere Leute leben. Die erste Familie, Ruslan und Nadjezhda mit ihren drei Kindern, wohnt seit neun Jahren – seit neun Jahren! – im Schuppen hinter dem Haus, das sie bauen wollten. Bei unserem Gespräch ging es aber nicht um die inzwischen unerschwinglichen Baumaterialien oder die niedrigen Löhne. Ruslan und Nadjezhda fragten mich über die Kirche aus und schwärmten von der Erneuerung ihres Eheversprechens am Ende eines Tages für Ehepaare mit Pater Artur. „So habe ich meiner Frau schon lange nicht in die Augen gesehen", bekannte Ruslan lächelnd vor allen. Dann besuchte ich Gedvilia, eine alleinerziehende Mutter mit drei Kindern. Bei ihr lag eine Vorladung vom Gericht auf dem Tisch. Heute um 10.00 Uhr ist die Verhandlung hier in Marx. Die Gaswerke verklagen der Reihe nach alle Leute, die ihre Schulden nicht bezahlen. Gedvilia verdient im Monat 500 Rubel (15 Euro). Um mit ihrer Familie die unterste Grenze des Existenzminimus zu erreichen, bräuchte sie über 4.000 Rubel. „Gewöhnlich konfisziert das Gericht erst die Möbel, dann die Wohnung ...", sagte sie. Audrus, ihr kleiner Junge, fuhr mit mir als Ministrant zur Wohnungssegnung in die nächsten Häuser. Seine schönen, neuen Schuhe, billig am Basar erstanden – hatten vom Frost zerbrochene Sohlen. Der Schnee quetschte sich beim Laufen an seine nackten Füße. Das Thermometer im Auto zeigte -23°C. Weiter ging es zu Xenia, einem Mädchen der Marianischen Kongregation. Die Mutter war auf Arbeit. Eine Untermieterfamilie belegte die Zweizimmerwohnung, die sie sich mit den katholischen Freunden teilt. Der Mann lag schnarchend auf dem Sofa. Auch mit dem Weihwasser konnte ich ihn nicht wecken. Eine zugelaufene siamesische Katze hangelte sich an meiner Stola nach oben. Wir blieben nicht lange. Nächste Station: Familie Wist. Sie hatten vor Jahren einen Kredit aufgenommen, den Deutschland Russlanddeutschen in Russland gewährt, damit sie sich ein Haus kaufen können. Solange der Kredit nicht abgezahlt ist, ist eine Ausreise nach Deutschland unmöglich. Die Inflation hat bewirkt, dass die Familie mit ihren drei Mädchen den Kredit noch siebzehn Jahre lang zurückzahlen muss. Es waren damals DM 3.000,- … Das „Haus", in dem Wists wohnen, ist über einhundert Jahre alt, von historischem Wert keine Spur. Im Schlafzimmer der Eltern läuft Wasser von den schwarzen Wänden. Der Gasofen musste im vergangenen Monat zweimal repariert werden. Der Abzug funktioniert nicht. Zwei der Mädchen im Alter von zwölf und zwei Jahren lagen deshalb einen ganzen Monat lang im Kreiskrankenhaus. Die Kleine sang dort schöne Kirchenlieder …

Wieder zurück in der Kurie in Saratow: Als ich gestern Abend gegen 23.00 Uhr nach Saratow aufbrechen wollte, stellte ich fest, dass ich meine Autopapiere beim überstürzten Aufbruch zum Busbahnhof eben in Saratow vergessen hatte. Also musste ich über Nacht bleiben. Heute Morgen nahm mich der Saratower Kaplan mit, der nachts um eins die jungen Schwestern aus Sibirien vom Bahnhof in Saratow abgeholt und gleich nach Marx gebracht hatte, damit auch sie noch pünktlich am Weiterbildungskurs teilnehmen konnten. Nochmal zur zweijährigen Maria, die in ihrem Bettchen im Krankenhaus Kirchenlieder sang. Die Lüftungsschächte dort sind so miteinander verbunden, dass man Maria in vielen Zimmern singen hörte. Die Leute kamen und wollten das „Christkind" sehen.

Der Vater dieser armen Familie hat Arbeit und verdient Geld. Jedoch reicht es vorn und hinten nicht. Kein Wort der Klage hörte ich beim Besuch und bei der Segnung des Hauses, das mich gestern, am letzten Tag der Weihnachtszeit, noch einmal sehr realistisch an die „Höhle" von Bethlehem erinnert hat.

Noch ein paar Besuche schlossen sich an. Am späten Abend segnete ich dann auch das Kloster unserer Schwestern, gemeinsam mit Pater Artur, mit dem ich mir die „Arbeit" teilte. Alle wollten natürlich, dass ihre Zimmertüren mit Kreide beschrieben wurden. „... und die Küche, und den Boden, und, und, und, und." Anschließend hatte ich endlich ein wenig Zeit, mit Pater Artur über seine Angelegenheiten und Sorgen in Orenburg zu sprechen. Er ist dort Pfarrer, lebt als Ordensmann im Privileg einer Gemeinschaft und hat noch drei Priester an seiner Seite, die ihn während seiner Abwesenheit vertreten.

Saratow, 1. April 2003

Übermorgen fahre ich nach Sankt Petersburg ins Priesterseminar, um für dreiunddreißig Seminaristen einen Exerzitienkurs zu halten. Die Termine vor Ostern werden immer dichter, an die, die danach kommen, möchte ich lieber noch nicht denken.
Wir Menschen sind keine Fische. Unsere Seelen können nicht lange unter Wasser bleiben, ohne Luft zu schnappen. Wer das dennoch riskiert, willigt in die schleichende Metamorphose

Buddhistischer Tempel in Elista

ein, die uns langsam, aber sicher zum Unmenschen macht. Beispiele gibt es genug. Nicht nur im Fernsehen.
Möge keinem der Weg zu Gott zu lang werden! Möge Ostern auch für „die auf der Strecke Gebliebenen" zum Fest der Auferstehung werden. Unser Leben ist wieder und wieder ein Neubeginn. Jesus Christus wird uns die Vollendung schen-

ken. Ich wünsche allen eine tief innere, persönliche Begegnung mit dem auferstandenen Christus! Möge diese Begegnung die Menschen mit ungekannter Freude erfüllen. Und
möge sie diese österliche Freude verwandeln, dem ähnli-
cher werden lassen, dessen Namen wir tragen.

In den vergangenen Tagen war ich wieder unterwegs. Kalmykien stand im Kalender. Die buddhistische Republik gleicht
einem endlosen, grasüberwucherten Sandkasten, in dem
300.000 Menschen leben, ein Drittel davon in der Hauptstadt Elista.

Wenn man nachts mit dem Auto unterwegs ist, kann man
sehen, wie Millionen Sterne *leuchten*. Sollte noch ein anderes
Fahrzeug zur gleichen Zeit unterwegs sein, sieht man es
schon zehn oder fünfzehn Kilometer, bevor man ihm begegnet. Das kleine Volk mongolischer Abstammung war nie
christlich, doch hat man in der Vergangenheit, wie in allen
anderen entlegenen Gebieten Russlands, verschiedenste
Nationalitäten hierher deportiert. So kommt es, dass Deutsche und Polen die Kernzellen unserer drei kleinen Gemeinden in diesem Land sind. Die Republik Kalmykien ist eines
der 26 sogenannten „Subjekte der Russischen Föderation"
im Bistum Sankt Clemens. Alle drei Gemeinden werden von
einem jungen polnischen Franziskanerpater betreut, der mit
einem Ordensbruder in Elista wohnt. Der Abstand von
Gemeinde zu Gemeinde beträgt etwa 250 Kilometer. Wer
kann, wandert aus. Das macht kirchliche Arbeit schwer. Im
Dorf Wesjoloje (übersetzt: das Fröhliche) sieht es besonders
traurig aus. Während die dortige Schule im vergangenen
Jahr noch 370 Schüler zählte, sind es jetzt gerade noch 160.
Jedes zweite Haus ist verlassen, das ehemalige Verwaltungs-
gebäude und das Kulturhaus verfallen. Keine Arbeit, selten
Wasser und Strom. Kaum Ausbildungsmöglichkeiten im

Dorfstraße Wesjoloje

Land, also kann keiner die Jugend halten. Sie wandert entweder in die Nachbarregionen aus oder schließt sich dem Drogenmarkt an, als Händler oder Verbraucher. Eine Zigarette Marihuana kostet in der Schule fünfzehn Rubel (0,44 Cent), erzählte mir der stellvertretende Bürgermeister einer der drei Städte der Republik.

Verständlich, dass ein Hauptanliegen unserer Seelsorge die Jugendarbeit ist. Trotz ihrer winzigen Größe hat jede unserer drei Gemeinden dort ein Jugendzentrum, in dem sich junge Leute tagsüber treffen können, auch wenn sie nicht zur katholischen Kirche gehören. Weder im Verwaltungsapparat des Präsidenten noch im riesigen buddhistischen Tempel wird das mit Argwohn betrachtet, im Gegenteil! Der junge Präsident Kalmykiens besuchte die katholische Gemeinde St. Franziskus im vergangenen Jahr und dankte für deren Aktivitäten. Und bei einem Gespräch mit dem Shanshin-Lama in seinem Tempel erinnerten wir uns an die vorbehaltlosen Kontakte zwischen Papst und Dalai-Lama, die sich schon mehrmals begegnet sind.

In allen drei Gemeinden versammelten wir uns nach der heiligen Messe zum gemeinsamen Abendessen. Junge und alte Menschen gaben ein ungezwungenes Zeugnis ihres Vertrauens, ihrer Freude und ihrer Hoffnung, die sie an Christus und seinen Boten festgemacht haben.

Als ich Elista gestern bei Sonnenaufgang verließ, um die folgenden dreihundert Kilometer Steppe bis zur nächsten Zivilisation zu durchqueren, konnte ich trotz Halteverbots der Versuchung nicht widerstehen· Mitten im Kreisverkehr blickten zwei zuversichtliche Gesichter auf die Autofahrer. Auf einem riesigen Plakat gaben sich der kalmykische Präsident und Papst Johannes Paul II. die Hand, dahinter, schon auf dem Hügel am Stadtrand, ein Denkmal mit einem sowjetischen Panzer, dessen Kanone in ganz ungewöhnlicher Weise

01.04.2003: *Shansin-Lama Elista*

nach Osten statt auf Berlin zeigte. Aber verdreht war hier so manches. Sogar die viele Tonnen schwere Leninfigur auf ihrem hohen Sockel im Stadtzentrum hatte man vor einigen Jahren um 180 Grad gedreht, weil 100 Meter hinter ihm in einem Park eine große Figur Buddhas aufgestellt wurde.

Zurück aus dem Frühling im Süden in den Winter an der Wolga, schon in der Nähe von Saratow, als das Radio wieder Empfang hatte, hörte ich in den Nachrichten, dass das zweite große Krankenhaus in Togliatti seit gestern seine Küche geschlossen hat. Die Patienten müssen ausschließlich von ihren Verwandten ernährt werden.

Hier in der Kurie liegt ein Brief auf dem Tisch, in dem steht, dass man uns wieder einmal eine unserer Gemeinden schließen will, weil der Pfarrer verbotenerweise ein Ausländer ist. Übermorgen sehe ich die 33 jungen Männer, die für unsere vier russischen Diözesen im Priesterseminar studieren. Weitere 30 studieren in Sankt Petersburg für verschiedene Ordensgemeinschaften. Es ist schwer zu beschreiben, was die drei Generationen andauernde Kirchenverfolgung angerichtet hat. Guter Wille und ausreichende Intelligenz sind nicht genug, um Priester zu werden. Wer Ohren hat, der höre. Wer beten kann, der bete.

Saratow, 24. August 2003

Irgendwo im Buch Kohelet steht, dass es für alles eine Zeit gibt. Zeit zum Schreiben habe ich gerade nicht ... Und dennoch muss ich es tun.

Ich habe von der großen Hitze in Deutschland gehört und

mich an das Hochwasser vor einem Jahr erinnert. Gäste aus dem Emsland bis aus Oberfranken waren hier. Nun geht der Sommer zu Ende und bei uns sieht es folgendermaßen aus: Saratow hat keinen Pfarrer, ich keinen Stellvertreter im Büro. Das ist täglicher Sprengstoff auch für die friedlichsten Gemüter. Viele „Kleinigkeiten" kommen hinzu: die vielen, vielen Probleme, die unseren Priestern und Ordensleuten bei der Einreise gemacht werden, eine ganze Ordensgemeinschaft, die das Bistum verlässt, weil sie von den täglichen Anforderungen erdrückt wird, ganz junge Priester, die Pfarrer sein müssen, soziale Not und Hilflosigkeit der Landbevölkerung, neue, primitive Propaganda gegen die katholische Kirche in den Medien, Müdigkeitserscheinungen bei unseren besten Leuten usw.

Ich suche einen neuen Pfarrer für Saratow. Der Kanadier, auf den wir gewartet haben, ist schwer krank geworden. Der Arzt verbietet ihm, in den nächsten ein bis zwei Jahren den Wohnort zu wechseln. Im Priesterrat haben wir überlegt, ob wir einen anderen nach Saratow versetzen könnten. Einen einzigen haben wir gefunden. Seine derzeitige Nachbargemeinde wäre nur siebzig Kilometer entfernt. Die Pfarrei würde also nicht unbedingt der Auflösung preisgegeben werden. Seit Monaten kämpfte er um die Aufenthaltserlaubnis. Er darf nun (dort!) bleiben, weil er das Pfarrhaus auf seinen eigenen Namen umgeschrieben hat … Also haben wir wieder niemanden.

Seitdem das alte Kloster in Marx leer steht, träumen wir davon, Schüler aus den Dörfern aufzunehmen, damit sie eine Ausbildung in der Stadt bekommen können, statt irgendwo in der Sinnlosigkeit zu versinken. Kürzlich war auch schon alles vorbereitet: Vier Mädchen aus den ärmsten Dörfern im Kreis Marx freuten sich auf den Anfang der Ausbildung am 1. September. Ein Sponsor erklärte sich bereit, die Idee zu unterstützen. Doch am vergangenen Donnerstag hat die wichtigste Person in unserem Plan abgesagt, eine Erzieherin mit 20 Jahren Berufserfahrung. Nun einfach jemand anderes finden, ist mehr als schwer. Marx ist klein, die Gemeinde besteht hauptsächlich aus einfachen Leuten, die nicht für ein solches Projekt geschaffen oder die fest in Arbeit und Familie eingebunden sind. Wie weiter? Die Mädchen im Stich lassen? Dann werden sich die tragischen Geschichten der vergangenen Jahre vor unseren Augen wiederholen. „Bin ich der Hüter meiner kleinen vier Schwestern?", könnte ich die Worte Kains abwandeln. „Ja!" ist die Antwort. Darum fahre ich heute noch in die Stadt und in zwei Dörfer, um zu suchen. Es muss sich doch jemand finden lassen!

Ich spüre, dass viele meiner guten Priester sehr müde geworden sind – von den wöchentlichen Behördengängen im Kampf um ihr Hierbleiben, von den teilweise monatlichen, erzwungenen Ausreisen wegen abgelaufener Visa, von dem ständigen Betteln um Spenden etc. Die Müdigkeit schlägt sich in der Verkündigung nieder und damit in den Gemeinden. Gern würde ich irgendetwas für meine Priester organisieren, aber auch dafür fehlen die Mittel.

Zurück zu Kohelet: Es ist nicht die Zeit, um lange Texte zu schreiben, aber auch nicht die richtige Zeit zum Vergessenwerden!

Mit großer Freude erinnere ich mich an meine Begegnungen mit Kindern und deren klare Augen. Bei verschiedenen Religiösen Kinderwochen konnte ich in diesem Sommer teilweise dabei sein. Vor meinen Augen stehen Jugendliche, die wie die Tagelöhner auf dem Markt warten, dass sie jemand mitnimmt, aber auch die vielen Mädchen aus Russland, Kirgisien und Kasachstan, die zu einem Exerzitienkurs zum Thema Ordensleben nach Marx gekommen waren. Dort in Marx durfte ich an der Feier der fünfundzwanzigjährigen Ordensgelübde von drei Schwestern teilnehmen. Menschen, die sich in Christus verliebt haben. Ich spüre mich getragen von den Priestern und Schwestern im Bistum, die die Not dieser Monate freiwillig auf sich nehmen. – Ich weiß gut, dass wir nicht den deutschen, polnischen oder anderen Vorstellungen von einem Bistum entsprechen. Trotzdem sind wir katholisch. Dafür danke ich dem Herrn und allen, die uns darin unterstützen, sei es mit Gebet, Besuch, Rat, Spenden oder auf andere Weise.

Saratow, 19. Juli 2004

Unser Bistum wurde in Moskau endlich staatlich registriert. Jetzt eilen wir mit einem Laufzettel von Instanz zu Instanz, um uns auch vor Ort anzumelden. Dazu aber brauchen wir einen Stempel für all die Formulare. Gut, dass ich meine Eltern habe, mein Büro in Deutschland. Gegen halb vier schnurrte das Faxgerät. Mit der Zeichnung für den Stempelabdruck eilte ich aus dem Büro: Fahrstuhl, Auto, Parklücke. Rein in den Laden. – Stop! War in einer Reinigung gelandet. Nebenan Brautkleider. Früher gab es hier Stempel und Schilder. Unweit fand ich dennoch einen Laden, einen neuen, kleinen. Die junge Verkäuferin, hochsommerlich, urlaubsmäßig gekleidet, nahm meinen Auftrag unsicher an. Sie arbeitete wohl noch nicht lange hier, fühlte sich aber sofort stärker, als sie mein unbeholfenes Russisch bemerkte. Ich habe ja nicht jeden Tag mit Stempelbestellungen zu tun. Mein Wortschatz streikte. Mitfühlend sagte sie: „Man hat sie wohl hierhergeschickt, um das zu bestellen?", und zeigte auf den Entwurf aus dem Fax. „Ja, so ungefähr", antwortete ich. Ich sparte mir weitere Erklärungen.

Dann, auf der Straße, eine ganz andere Situation: Auf dem Weg zurück zum Auto – Großstadttrubel, Basar, überfüllte Straßenbahnhaltestelle. Da stand eine Frau, um die sechzig, nach vorn geneigt, an einen rostigen Zaun gelehnt. War ihr schlecht oder war sie traurig? Betrunken war sie ausnahmsweise nicht. Rechts und links von ihr: zwei alte, vollgepackte Plastiktüten mit Gemüse und anderen Sachen vom Markt. Vielleicht hat sie's mit dem Herzen und kann nicht tragen, dachte ich. Aber sie gleich ansprechen in diesem Gewühl von Leuten? Hatte ich doch vor ein paar Minuten nicht die besten Erfahrungen mit meinem Russisch gemacht. Vielleicht, wenn überhaupt nötig, hilft jemand anderes? Ich ging ein paar Schritte weiter und drehte mich um, als ob ich auf jemanden wartete. Da nahm sie ihre Beutel und schleppte sie noch einmal dreißig Meter. Dann das gleiche Bild. „Kann ich helfen?", fragte ich. „Ich stehle Ihnen die Beutel nicht. Hier, ich gebe Ihnen meine Aktentasche dafür." Dass sich darin sehr viel Geld für ein großes Projekt im Bistum befand, sagte ich natürlich nicht. Wir gingen still nebeneinander her und warteten lange, bevor wir die Straße überqueren konnten. Dann, in einer Durchfahrt zu ihrem Hinterhof, fragte mich die arm, aber sauber gekleidete Frau: „Sind Sie Deutscher?" – „Ja, woher wissen Sie das?" „Ich habe früher mal Deutsch gelernt. Ich bin Musikerin. Aber die Finger und die Stimme wollen heute nicht mehr. Hier wohne ich." Und sie zeigte auf die Durchfahrt in den zweiten Hinterhof. Katzen sprangen ihr entgegen. „Meine", sagte sie. „Vielen Dank." Und verschwand.

Saratow, 18. Dezember 2004

Ich habe versucht, an den schon beinahe vergangenen Advent zurückzudenken. Dabei stellte sich etwas peinlich heraus, dass ich ohne Blick in den Terminkalender nicht zurechtkomme.

Den ersten Adventssonntag konnte ich ganz ruhig feiern, weil ich in Saratow Einzelexerzitien begleiten durfte. Am Wochenende um den zweiten Advent herum verbanden wir ein Symposium für katholische Studenten, das Patronatsfest der Kathedrale, die 150-Jahr-Feier des Dogmas von der ohne Erbsünde empfangenen Gottesmutter Maria und eine Versammlung der Bischofskonferenz in Moskau. Den dritten Advent feierte ich dann im Süden, sprich Krasnodar, wo ich acht Erwachsenen die Firmung spendete, aber auch eine mir bisher unbekannte Kleinstadt in meinem Bistum besuchte, in der ich gleichzeitig mit dem Pfarrer fast zwei Stunden lang den Leuten die Beichte abnahm, dann abbrach und für einhundert armenisch-katholische Christen in einem großen Wohnzimmer die heilige Messe feierte. Anschließend eilten wir mit dem Auto zur nächsten Messe. Vor einem Monat hatte der Pfarrer gehört, dass es jene Leute gibt, nur sechzig Kilometer von seiner Gemeinde entfernt. Es ist mehr als zehn Jahre her, dass sie in unser Bistum übergesiedelt waren. Noch am Nachmittag holte mich der slowakische Pfarrer von Anapa mit seinem Auto ab. Ich wollte ihn einfach besuchen, weil er – wenn auch in einer der schönsten Gegenden unseres Bistums – dort unten am Meer so ziemlich allein ist. Im Winter gibt es keine Urlaubsgäste. Die Kirche liegt etwas außerhalb. Den Alten wurde die Ermäßigung für den Stadtbus gestrichen, sodass sie an

Wochentagen nicht mehr zur heiligen Messe kommen können und der Pfarrer von Montag bis Freitag allein in der Kirche steht.

Nach dem Rückflug über Moskau schaffte ich es noch zur Dekanatskonferenz in Saratow, bevor der Diözesan-Caritas-Rat zwei Tage lang bei mir tagte. Für den vierten Advent steht Saratow im Kalender. Die nahe liegendste Gemeinde habe ich schon lange nicht mehr gesehen. Der Pfarrer hat Namenstag. Alle haben Gegenstände zusammengetragen, die wir nach der Sonntagsmesse auf fröhliche Art als Weihnachtsgeschenke versteigern möchten, um mit dem Erlös den Ärmsten in der Gemeinde zu Weihnachten eine Freude zu bereiten.

Was zu Weihnachten wird, wo ich sein werde, ist heute noch ungewiss, sicher aber hier in meinem Bistum.

Saratow, Fest der unschuldigen Kinder 2004

Wo sollte ein Bischof zu Weihnachten sein? – „In seiner Bischofskirche", ist wohl die richtige Antwort. Ich war es diesmal nicht. Einer der zweiundvierzig Priester meines Bistums, das viermal so groß ist wie Deutschland, konnte nicht rechtzeitig aus seiner Heimat zurückkehren, sodass seine Gemeinde ohne Messe geblieben wäre. Hinzu kommt, dass es sich um die Gemeinde von Vladikavkaz handelte, im Nordkaukasus. Der Flughafen der Stadt liegt im Vorort. Und dieser heißt Beslan.

Mein Versuch, jemanden zur Vertretung für Heiligabend zu finden, war von Anfang an zum Scheitern verurteilt. Sind es doch Hunderte Kilometer und andere Schwierigkeiten, die unsere Gemeinden mit ihren ausländischen Seelsorgern voneinander trennen. Ich tat mich schwer mit dem Gedanken, Saratow und Marx an Weihnachten hinter mir zu lassen. Und als ich mich entschieden hatte, war es nicht einfach, es den anderen beizubringen. Doch als der Wecker am 23. Dezember morgens um fünf klingelte, war es unerwartet leicht aufzustehen, nicht wie sonst, wenn ich zur Frühmaschine nach Moskau muss. Am Tag vorher hatte ich in Vladikavkaz angerufen. Die Menschen freuten sich wie auf das Christkind. Und ich freute mich auch. Ging es doch um eine meiner Gemeinden. Ein anderer Gedanke spielte mit: Ich flog nach Beslan. Eine Stadt in meinem Bistum war in den ersten Septembertagen weltbekannt geworden. Ich wollte in der Schule beten, in der über 330 – meist – Kinder ums Leben gekommen waren.

Der Pfarrer von Saratow wollte mich zum Flughafen bringen. Am Vorabend war Nebel. „Wenn die Flugzeuge nicht starten, dann ist das der Wille Gottes …", dachte ich. Bei minus zehn Grad flogen wir pünktlich in den klaren Morgenhimmel. Während des Starts bete ich jedes Mal still das Vaterunser. Dabei geht mir dann auch die bevorstehende Reise mit allem, was dazu gehört, durch den Kopf. Wenn ich bei „dein Wille geschehe" ankomme, spüre ich oft die innere Gewissheit, dass nichts schiefgehen kann, im Gegenteil. So war es auch dieses Mal. Und bevor ich weiterbeten konnte, war ich eingeschlafen. Ein roter Streifen am noch dunkelblauen Himmel kündete vor der Landung in Moskau die Morgensonne an. Moskau im Norden ist für mich der übliche Umsteigeflughafen in die Pfarreien meines Bistums im Süden.

In den Kaukasus flog dann eine große, mit 180 Menschen voll besetzte Maschine. Neben mir zwei Frauen in Schwarz, eine noch nicht dreißig, die andere um die sechzig. „Beslan" – schoss es mir durch den Kopf. Wir folgen ja nun direkt dorthin.

Eine weitere junge Frau im weißen Pullover setzte der in Trauer gekleideten Altersgenossin ihr kleines Kind auf den Schoß. Diese hielt es ruhig im Arm und gab ihm die Flasche. Eine Verwandte, dachte ich und bot meinen Platz in der Dreierreihe an. „Nein, nein, die Frau hat uns nur beim Einsteigen geholfen", lehnte die Sechzigjährige ab. Mir schien, dass ich verstand, was hier geschah. Nach ein paar Minuten nahm die nette junge Dame ihren Sohnemann wieder mit.

Wie immer wurden Zeitungen verteilt. Ungewöhnlicherweise nahmen die wenigsten eine. Während des Fluges begannen meine beiden Nachbarinnen durch die Sesselritzen zu spähen. Als sie die Stewardess riefen, wurde mir klar, warum. „Bringen Sie uns bitte auch so eine Zeitung, wie die Frau vor uns hat", baten sie. Dann schlugen sie sie auf. Zwei große Seiten über Beslan. Sie krochen mit den Augen in die

2004: *Fest der unschuldigen Kinder, Frauen im Flugzeug*

Zeilen, ganz still, beide, bis sie alles gelesen hatten. Dann nahm die Mutter der Tochter die Zeitung ab und las noch einmal, schüttelte ein paar Mal den Kopf, las dann ein paar Absätze mit zugehaltenem Mund. Beim Rest stützte sie sich abwechselnd auf die Schläfe, die Wange, das Kinn, die Stirn. – Sie haben jemanden in der Schule verloren. Davon war ich überzeugt.

Ich schaute nach draußen. Die Wintersonne, die durch das verschmierte Fenster gesehen viele schöne Strahlen hatte, erinnerte mich an den Stern von Bethlehem. Die dichten Wolkenkissen an die Engel. Ich suchte Anhaltspunkte für das nahe Weihnachtsfest. Doch es wollte mir nicht gelingen. Der Blick auf den Kaukasus war ein Geschenk und brachte mich auf andere Gedanken. Die beiden Frauen neben mir schauten auch herunter. Ich holte halb versteckt den Fotoapparat heraus. Sicher hätten die Stewardessen etwas dagegen. „Es wird noch besser", meinte die Ältere der beiden, als ich zum Auslösen anhob. Dann tauchten wir bald in das Wolkenmeer unterhalb der Bergriesen ein und waren da.

Ich wurde abgeholt. Drei Minuten vom Flughafen entfernt, direkt an der Straße: der Friedhof. Ganz neu. Über 200 Gräber. Überall ein und dasselbe Sterbedatum: 3. September 2004. Ein Sterbeort hier in Beslan. Endlose Reihen mit bunten Kränzen geschmückte Gräber, alle gleich. An den vorläufigen Holzbalken: Fotos der Kinder. Ich betete mit der Pfarrhaushälterin an einem Grab dreier Geschwister. Auf jedem Kindergrab lagen Teddys, Puppen oder anderes Spielzeug, und ... Flaschen: Cola, Limonade, Wasser. „Weil die Kinder in der Schule immer gerufen hatten: Trinken! Trinken!"

In Vladikavkaz war das Leben weitergegangen. Als ich im Pfarrhaus ankam, waren Jugendliche noch mit dem Schmücken von Baum und Krippe beschäftigt. Die anderen hatten nicht gewartet. Mein Flugzeug war mit Verspätung gelandet. Um drei hatten sie gemeinsam den Rosenkranz gebetet. Am nächsten Tag würden sie wiederkommen. Ein Priester war letzte Woche zur Weihnachtsbeichte für die Gemeinde hier gewesen. Die Haushälterin stellte mir etwas zum Essen hin, zeigte, wie man das Tor schließt, und dann war ich allein. Natürlich riefen mich die Schwestern der Saratower Kurie an. Es gab noch einige Dinge vor Weihnachten zu klären. Dann feierte ich die Messe vom 23. Dezember, meine letzte im Advent, allein in der Kapelle, einem großen Zimmer im Pfarrhaus. Die ehemalige katholische Kirche in Vladikavkaz wurde nie zurückgegeben. Als Intention für die Messe wählte ich „für den Pfarrer", der leider an diesem Weihnachtsfest nicht in seiner Gemeinde sein konnte.

Am Abend entdeckte ich bei der Suche nach Nachrichten, dass man hier sehr gut die großen deutschen Fernsehprogramme empfangen kann. Ich schaute ein wenig. Es ging da um Weihnachten, scheint mir. Die häufigsten Wünsche zum Fest betrafen das Essen. „Auch Beslan ist das Ergebnis von Gottlosigkeit", kam es mir unwillkürlich über die Lippen. Und ich schaltete aus.

Der 24. Dezember wurde für mich zur stummen Begegnung mit der Schule. Ja, man muss vorsichtig sein, mahnt mich der Verstand. Es gibt Worte, die lösen Mitleid und den Willen zum Helfen aus, wie Lawinen. Andere bleiben dafür auf der Strecke. Nicht Worte, Menschen, meine ich. Und doch will ich weitererzählen. Eigentlich fuhr der Caritas-Direktor von Vladikavkaz mit mir nach Beslan, um mir seine Projekte zu zeigen, meist Psychologen in den Schulen, die er angeworben hatte. Mir war jedoch die Schule das Wichtigste. Morgens hatte ich in der Kapelle von Vladikavkaz angefangen, den Rosenkranz für die umgekommenen Kinder und

Erwachsenen zu beten. Das Ende wollte ich in der Schule beten, denn bei aller Hilfsbereitschaft, die ich an diesem Tag zu sehen bekam, von Spanien bis Japan – es betete niemand. Alles läuft über die humanitäre Schiene. Das wollte ich unbedingt unserer Gemeinde mitteilen. Wir haben doch einen Auftrag. Ganze 18 Kilometer trennten mein Weihnachtsquartier von der Ruine, die vom 3. September übrig geblieben war. Vorher schleifte mich mein Fahrer von Schule zu Schule, in denen nun die überlebenden Kinder untergekommen waren. Bewaffnete Posten in den Schulhöfen, Gedränge in den Pausen, aber kein Geschrei. Manche Kinder gehen bis heute nicht wieder zur Schule. Die jungen Psychologen arbeiten gut. Auch die Direktorin hat mir mit ihren kurzen, aber klaren Worten gut gefallen. Beslan ist genauso groß wie Marx.

Es lag Schnee. Das Auto ließen wir am Schulhof stehen, dort wo die Kinder und Eltern am 1. September zur Schuljahreseröffnung standen, als plötzlich rechts und links die maskierten Terroristen in Kampfanzügen ins Gelände stürzten und 1.500 Menschen in die kleine Turnhalle pferchten. Von ihr ist nur übrig geblieben, was nach einer Bombe bleibt.

Der schneebedeckte Fußboden hat sich etwas gehoben. Alles ist mit Blumen und Wasserflaschen übersät. Dort, wo die erste Bombe explodiert war, ein ganzer Berg von Blumen, Kränzen und Wasserflaschen. Acht Kinder sind bis heute nicht identifiziert. Die Wände sind mit Vergebungsbitten an die Kinder beschrieben, aber auch mit Worten wie: „Leute von Beslan, seid klug und habt Geduld!" oder: „Gott möge uns beistehen!" Nun war es an der Zeit, den Rosenkranz zu Ende zu beten. Der Caritas-Direktor betete mit. So standen wir unter den verbrannten Dachbalken unter offenem Himmel und drückten eine Perle nach der anderen in

die kalten Finger. „… der für uns gekreuzigt worden ist."
Dann ging ich durch Korridore und Klassenzimmer. Wir trafen keine Menschenseele. Ein Geisterhaus, mitten in der Stadt. Oben, im ersten Stock, hatten sich die Terroristen ein Zimmer für die Erschießung unbequemer Geiseln eingerichtet. 22 Männer wurden hier in 48 Stunden umgebracht und dann aus dem Fenster geworfen, an dem ich nun stand und das nie wieder jemand schließen wird. Schlimmeres möchte ich nicht erzählen.

Auf dem Heimweg hörte ich dem Fahrer nur unaufmerksam zu. Gedankensplitter fing ich auf: Unzählige Hilfsorganisationen drängen sich mit ihren Angeboten regelrecht auf. – Die ersten haben längst erkannt, wie man ein Geschäft aus und in Beslan machen kann. – Ja, die Leute hier sind arm, auch die, die nichts und niemanden verloren haben.

Fest der unschuldigen Kinder 2004, Beslan Turnhalle

Am Nachmittag wimmelte ich eine Journalistin ab und nahm die Weihnachtsgratulation von einem leicht angeheiterten Abgeordneten sowie dem freundlichen russisch-orthodoxen Dekan für Nordossetien entgegen. Um 20.00 Uhr feierte ich mit der kleinen Gemeinde die Christmette. Noch später wäre dies nicht möglich gewesen, weil nach 22.00 Uhr keine öffentlichen Verkehrsmittel mehr fahren. Abends will hier jeder zu Hause sein.

Der Arbeitsalltag war den Leuten nicht anzumerken. Feierlich gekleidet saßen sie in den Bänken. Etwa die Hälfte der Gesichter kannte ich von meinen früheren Besuchen. Traurig hörten sie mir zu, als ich ihnen die Grüße ihres Pfarrers ausrichtete, der noch in Polen auf sein Visum wartet. Ich gab mir Mühe, eine gute Aushilfe zu sein. Die großen Krippenfiguren, die mit der humanitären Hilfe für Beslan aus Polen gekommen waren, standen draußen im Hof. Das kleine Christkind hatten wir während der Messe drinnen bei uns. Am Schluss brachten wir es in einer Prozession an seinen Platz zwischen Maria und Josef, gebettet auf Stroh. Das kleine Mädchen, das die Figur hinaustragen durfte, wollte sie nicht in die Krippe legen. „Es erkältet sich doch", meinte sie. Manche baten um ein Foto mit ihrem Bischof vor der Krippe. Dann eilten die Leute zur letzten Straßenbahn. Mir hatte die Haushälterin in der Küche Abendbrot zurechtgemacht, fünf Eierkuchen, Obst und Marmelade. Auch sie wollte zu ihrer Familie. Für den Weihnachtstag hatte ich gebeten, mir die Kranken zu melden, damit ich sie am Vormittag besuchen konnte.

Als das Telefon am Morgen des 25. Dezembers zum ersten Mal klingelte, war eine Dame dran, die nach der Uhrzeit der Messe fragte. „Um 14.00 Uhr", gab ich zur Antwort. Sie erkannte, dass ich nicht der Pfarrer war und fragte: „Sind Sie

Pater Stefan?" „Nein, ich bin der Bischof", sagte ich. „Ah …",
war die Antwort. „Und wie heißen Sie?" Das kommt häufig
vor in unserem großen Diasporabistum, in dem die Kirche
langsam wieder gewöhnliche Strukturen bekommen hat.
Dann klingelte es am Hoftor. Ein junger Mann der ganz in
der Nähe gelegenen armenisch-apostolischen Kirche über-
brachte die Weihnachtsgrüße seines Pfarrers. Ihr Diakon war
vor zwei Monaten in ein Auto gestoßen worden. Man fand
nur seinen Leib ohne Kopf und überführte ihn zur Beerdigung nach Armenien.

Während der Morgenstunden hatte ich Ruhe im ganzen
Haus. Weihnachtslieder gingen mir durch Kopf und Herz, in
Deutsch natürlich. Schade, dass ich mit den Texten doch so
langsam Schwierigkeiten bekomme. Dann kam Marina, die
Haushälterin, mit ihrem Mann. Die beiden brachten mich
im Pfarreiauto zu einer wirklich kranken Frau. Sie hieß Adelina, war 78 Jahre alt, hatte einen polnischen Vater und
stammte wie auch ihr Mann aus der Ukraine. Sie katholisch,
er orthodox. Im September hatten die beiden Goldene
Hochzeit gefeiert. Der Pfarrer hatte mich damals um einen
Glückwunsch gebeten. Meinen Brief fand ich jetzt mit den
Jubiläumsfotos der beiden wieder. Es war ein kleiner Weih-
nachtsgottesdienst mit Krankensalbung und Kommunion.
Dann begann sie, mich zu bedienen, wie die Schwiegermutter des Petrus, nachdem das Fieber von ihr gewichen war.
Die beiden herzensguten alten Leutchen hatten keine Kinder. Sie wussten, dass ihr Pfarrer noch nicht aus Polen
zurückgekehrt war und machten sich um ihn Sorgen. Dass
sie nun trotzdem richtig Weihnachten feiern konnten, machte besonders die Achtundsiebzigjähre beinahe wieder
gesund. Sie erzählte mir von den Priestern, die sie aus der
Heimat kannte, wie ihre Kirche in einen sowjetischen Tanz-

club umgebaut worden war und alle zur Eröffnung arbeitsfrei bekommen hatten. „Die Musik spielte auf, aber niemand fing an zu tanzen", erzählte sie. „Die Musik spielte wieder und wieder. Schließlich tanzte ein Paar eine Runde. Dann setzten auch sie sich wieder. Der Club wurde geschlossen", erinnerte sie sich. Ich ließ die beiden, Anatolij und Adelina auf dem Sofa Platz nehmen, um von ihnen ein Erinnerungsfoto zu schießen. Sie zog ihm das Hemd zurecht, so, „wie es sein muss". Warum er mit ihr in die katholische Kirche gehe, beantwortete er schmunzelnd mit dem Sprichwort: „Wohin die Nadel geht, dahin geht auch das Garn."

Auf meinem Heimweg hatte die Polizei die Straße zum Pfarrhaus gesperrt. Es liegt fast im Stadtzentrum neben den Verwaltungsgebäuden. „Vielleicht kommt jemand?", schlussfolgerte Marinas Mann. „Vielleicht der Bischof", fügte ich an. Bis zur Messe waren noch knapp zwei Stunden geblieben.

Etwa dreißig der vierzig Gottesdienstbesucher vom Vorabend kamen zum Hochamt in die kleine Hauskapelle. Alles sollte feierlich sein. Deshalb versuchten wir es trotz eines einzigen Ministranten mit Stab, Mitra und Weihrauch. Den Weihrauch gaben wir vor der Gabenbereitung auf. Die Gemeinde schien mir aufmerksamer und froher als in der vorangegangenen Messe. Die Atmosphäre war gelöst, familiär, weihnachtlich. Die Organistin am Keyboard war eine wahre Künstlerin, bescheiden, aber begabt. Am Ende teilte ich die Bistumskalender für das neue Jahr aus. Und mir schenkte die Gemeinde einen Füllfederhalter. Im Keller des Hauses, in dem vor 150 Jahren armenische Mönche lebten, sagten anschließend die vier anwesenden Kinder Gedichte auf und bekamen Geschenke. Die Gemeinde hatte alles selbst organisiert, wie immer. Dann wurde in einem Hundert Jahre alten Samowar Tee gekocht. Es ergaben sich ein paar

Gespräche. Auch hier sorgten sich die Leute um den Pfarrer, verständlich. Ich lernte einige junge Ausländer kennen, die in den ganz nahen Republiken Ingushetien und Tschetschenien an humanitären Hilfsprojekten beteiligt waren. Vladikavkaz ist für sie alle die am nächsten gelegene katholische Gemeinde, eine halbe Stunde mit dem Auto.

Einige ältere Leute gingen nach Hause, weil es nun schnell dunkel wurde. Mit allen anderen machten wir uns auf zur „Jolka"-Eröffnung, drei Minuten vom Pfarrhaus entfernt. Jolka heißt Tannenbaum. Er ist das Zentrum des Neujahrsfestes. Und Neujahr ist in Russland das größte aller Feste. Diesmal gab es vom 1. bis zum 10. Januar gesetzlich zugesichertes Arbeitsfrei. Das ostkirchliche Weihnachtsfest am 7. Januar fällt da mitten hinein. Bei Temperaturen um 0°C hielten wir es eine Stunde lang auf dem zentralen Platz der Hauptstadt Nordossetiens aus, erlebten Großväterchen Frost und seine Partnerin Snegurotschka, Musik und Tanzgruppen, das von ein paar Tausend Eltern und Kindern erwartete Anschalten des riesigen Tannenbaumes, ein Feuerwerk, dicht über unseren Köpfen ... und eine Menge Polizei. Auffälligerweise habe ich in Nordossetien nur freundliche Polizisten getroffen, ja sogar lustige.

An diesen beiden Tagen waren die Gemeinde und ich eng zusammengewachsen. Kindern und Alten fiel es ausgesprochen schwer, sich zu verabschieden. Ich weiß: Ohne einen Pfarrer vor Ort geht das gerade erst wieder erwachte Gemeindeleben zugrunde.

Ich selbst erlebte während der Reise einen Wandel der inneren Akzente. Nach dem Besuch in Beslan hatte ich eigentlich schon genug. Das Böse und der Schmerz klebten dort in einem zähen Gemisch an den gefrorenen Wänden der Schule. Hätte mir jemand gesagt: „Fahr nach Hause!", ich wäre gefahren. Dann folgten die Begegnungen mit unserer kleinen – und einzigen – Gemeinde in Nordossetien. Mehr als bei meinen üblichen Pastoralreisen war mir dieses kleine Häuflein von Christenmenschen ans Herz gewachsen.

Ich schließe diese Zeilen vor meinem Rückflug aus dem Kaukasus. Es gibt viel Grund zum Beten, den ich von hier mitnehme und hiermit auch weitergeben möchte.

Saratow, 3. September 2005

Vor ein paar Minuten jährte sich der Sturm auf die von Terroristen besetzte Schule in Beslan, bei dem so viele Unschuldige umgekommen sind. Auch im Radio war eine Schweigeminute angekündigt. Sie wurde mit hastigem Schlagen einer Glocke überbrückt, zwischen deren Anschlägen immer wieder – dem Anschein nach live aus Beslan – das Weinen Hunderter Mütter aufwallte. Ich hatte mir vorgenommen, in dieser stillen Minute zu beten. Es ging nicht. Die Idee der Rundfunkredaktion hat zu allem Möglichen motiviert, nur nicht dazu.

Mir kam der Gedanke, dass die sogenannten Schweigeminuten ihren Ursprung und Sinn doch sicher im Gebet haben. Was soll und was kann aber ein Mensch in dieser Zeit tun, wenn er nicht an den barmherzigen Gott glaubt? Möge das ohnmächtige Innehalten nie und für niemanden in die Spirale der Gewalt münden.

Der Monat August war für mich möglicherweise einer der intensivsten in diesem Jahr: Entlang der zweitausend Kilometer langen Diagonale von Asow (Ukrainische Grenze) nach Ufa (Südlicher Ural) habe ich mit dem Auto viele Gemeinden meines Bistums besucht. Ich begleitete zweihundertdreißig Jugendliche zum Weltjugendtag nach Köln und unterbrach jene Tage in Köln mit einem Flug nach Anapa ans Schwarze Meer, wo der zweiundfünfzigjährige slowakische Pfarrer nach einer Hirnblutung und viertägigem Koma verstarb. Während der Sarg in die Heimat überführt wurde, konnte ich an den letzten beiden Tagen in Köln teilnehmen, mich schließlich sogar in die Begegnung der deutschen Bischöfe mit Papst Benedikt XVI. schmuggeln und ein paar ruhige Worte mit ihm wechseln. Dann eilte ich nach einem Zwischenstopp in Saratow über Wien in die Slowakei zur Beerdigung unseres Paters Jozef Valabek aus Anapa. Der kurze Aufenthalt in Österreichs Hauptstadt wird mir durch das Ziehen eines Weisheitszahnes in Erinnerung bleiben. Die Nachbehandlung in Russland ist noch in vollem Gange. Zu jener Beerdigung kamen fast einhundert Priester. Er hatte viele Freunde dort und war auch mir ein Bruder. Als er 1999 in mein Bistum kam, betonte er, dass es nur für ein Jahr sei. Später bat ich ihn, noch ein wenig länger zu bleiben. Seine Verwandten wunderten sich sehr, als er auch nach drei Jahren nicht heimkehrte. Auf Nachfragen antwortete er: „Ich kann doch den Bischof nicht alleinlassen." Derzeit wird seine Gemeinde in Russland aus der 230 Kilometer entfernten Nachbarpfarrei betreut.

Was mich momentan bewegt, sind Gedanken über den vergangenen Weltjugendtag. Ende August hatte ich die russischen Jugendseelsorger eingeladen, die unsere Gruppe begleiteten. Ein großes Ereignis, in das viel investiert wurde: Zeit, Geld, Hoffnung ... Für mich war interessant, unsere russischen Jugendlichen zu hören, denen die Tage in den Diözesen noch in tieferer Erinnerung bleiben werden als die in Köln. „Das Schönste waren unsere Quartiereltern", hörte ich sie mehrmals sagen. Vielleicht spielte für die russischen Jugendlichen eine große Rolle, dass es hier bei uns kaum gesunde, vollständige Familien gibt, in denen die eigenen Kinder mit Liebe erzogen werden. Mit großer Freude erzähle ich auch ein Beispiel von der „gegenüberliegenden Seite": Ein älteres Ehepaar aus Norddeutschland kam auf mich zu und berichtete dankend, wie „ihre" beiden neunzehnjährigen Russen jeden Morgen beteten: „Wir haben uns vorgenommen, jetzt auch wieder regelmäßig zu beten."

Saratow, 11. Oktober 2006

In einer halben Stunde beginnt meine tägliche Büroarbeit. Diese Zeit will ich nutzen, um ein wenig von mir und von hier zu schreiben. Mir selbst geht es gut, auch wenn die Reisen kein Ende nehmen und ich seltener zu Hause bin als unterwegs.

Dreißig Minuten sind wenig. Darum nur ein paar Blitzlichter: Die Schwestern hatten mich gebeten, für sie Ende September sechstägige Exerzitien in Marx zu halten. Ungewöhnlich viele Schwestern aus Russland und Kasachstan nahmen an den Tagen teil. Das Kloster bietet ideale Voraussetzungen für solche Kurse. Die ausschließlich jungen Schwestern verbrachten die Tage in solch einer intensiven, frischen, geistlichen Atmosphäre, dass es auch für mich selbst geistliche Tage waren.

Der Bau „meines" Hauses in Marx geht nach russischen Maßstäben ziemlich zügig voran: Neben der Kirche bauen wir ein Haus, in das ich kleine Untermieter aufnehmen möchte, wie wir das bereits seit drei Jahren im ehemaligen Kloster der Schwestern praktizieren. Jugendliche aus den armen Familien in den Dörfern sollen dadurch die Möglichkeit bekommen, in der Stadt einen Beruf zu erlernen. Der gleichzeitige Kontakt zur Gemeinde soll helfen, auch menschlich zu wachsen und nicht unter die Räder zu kommen.

Eine meiner Reisen sollte mich schon längst wieder einmal zu den gefangenen Ausländern nach Mordowien führen. Das letzte Mal war ich am 26.04.2003 dort. Gerade gestern kam die vierte Absage in Folge. Man hätte nichts gegen mich persönlich, aber es ginge zurzeit nicht. Bald wird es glatt auf den Straßen und ich werde die 600 Kilometer dorthin nicht fahren können. Manchmal schreiben mir die Gefangenen. Sie warten auf die heilige Messe und die Beichte. Ich habe dringend notwendige Medikamente gekauft, die ich dorthin mitnehmen will.

Nun will ich noch kurz von Vladikavkaz erzählen. Ich war vier Tage lang dort im Kaukasus, schon zum zweiten Mal in diesem Jahr. Der Kinderfriedhof in Beslan macht inzwischen den Eindruck eines Nationalheiligtums.

In der kleinen Gemeinde durfte ich eine Jugendliche taufen und zwei Erwachsene firmen. Trotz aller sakralen Festlichkeit ist die Atmosphäre der gemeinsamen Feiern immer sehr familiär und „echt". So stellte ich zum Beispiel die liturgische Frage an die Firmkandidaten: „Glaubt ihr an Gott, den Vater den Allmächtigen, den Schöpfer des Himmels und der Erde?" Und die seit 52 Jahren glücklich verheiratete Adelina antwortete laut und vernehmlich: „Aber selbstverständlich!" Ich hatte bewusst einen Tag länger für den Kaukasus eingeplant, weil mir der Pfarrer seit Jahren versprochen hatte, mich einmal mit in die Berge zu nehmen. Das hatte ich bei all meinen Besuchen im Süden noch nie geschafft. Allerbestes Wetter bot die nötigen Voraussetzungen. Eine Visite im südlichsten orthodoxen Frauenkloster Russlands machte großen Eindruck auf mich. Wir werden den Schwestern dort eine von den Kühen schenken, für die in Deutschland immer wieder gesammelt wird, damit die Menschen hier etwas zum Leben haben.

Jetzt klingelt das Telefon immer wieder, und die Schwestern hier im Büro bitten um Arbeit. Bald kommen Leute, Gäste aus einem 200 Kilometer entfernten Dorf, das zur Pfarrei Saratow gehört. Nachmittags muss ich in Marx auf der Baustelle sein. Morgen fliege ich nach Moskau und übermorgen von da aus in die Schweiz, wohin mich „Kirche in Not" zu einer Predigtwoche gebeten hat.

2004: *Beslan, Kinderfriedhof*

Marx, 26. November 2006

Reisen und Veranstaltungen im Bistum lassen mich selten zu dem kommen, was im Büro zu erledigen ist. Aber auch ins benachbarte Marx komme ich immer seltener, besonders in die Pfarrgemeinde, die bei Pater Tomasz und den Schwestern in guten Händen ist.

Meine vorletzte Sonntagsmesse feierte ich in einer im Zweiten Weltkrieg zerstörten Kirchenruine, eineinhalb Stunden vom Priesterseminar in Sankt Petersburg entfernt. Zwei meiner Priesteramtskandidaten absolvieren dort ihr Praktikum und hatten mich eingeladen mitzukommen. Der Besuch im Seminar ergab sich auf dem Rückweg einer „Werbereise" durch den Süden Polens, wo ich von der pastoralen Situation in meinem Bistum erzählte und Priester einlud zu kommen, denn jedes Jahr kehren einige unserer Seelsorger in ihre Heimatländer zurück. 39 meiner 42 Priester sind Ausländer.

Saratow war vor 10 Tagen Gastgeberort für die Sitzung unserer Bischofkonferenz. Sofort im Anschluss flog ich über Nacht nach Samara, um mit der Gemeinde das hundertjährige Weihefest ihrer neugotischen Kirche zu feiern. Im ganzen Bistum haben wir nur fünf Kirchen, die so alt sind. Alle anderen wurden zerstört oder werden immer noch zweckentfremdet genutzt. Trotz typisch russisch winterlicher Straßenverhältnisse kamen Pilgergruppen aus Kasan, Orenburg, Saratow und Togliatti mit Kleinbussen gefahren, um an diesem besonderen Ereignis teilzunehmen. Fast auf den Tag genau vor 10 Jahren war die Kirche ein zweites Mal geweiht worden, nachdem sie jahrzehntelang als Kino, Museum für Atheismus und dann als Heimatmuseum genutzt wurde. Die ersten Messen 1995 feierten die Gläubigen zwischen ausgestopften Hasen und Bären. In Samara war ich also am vergangenen Sonntag. Und nun war Marx an der Reihe: Patronats- und Kirchweihfest in Verbindung mit der Firmung waren in den neunziger Jahren beinahe eine Tradition geworden. Heute setzten wir diese Tradition fort. Zuvor aber möchte ich über meine Anreise nach Marx berichten: Eiskalter Regen auf gefrorenem Boden verwandelte die Landstraßen am Samstagvormittag in unangenehm gefährliche Spiegelflächen. Weite Strecken, regnerische Nächte auf unbefestigten Straßen oder dichter Nebel – alles kein Problem. Wenn die endlosen Straßen aber glatt werden, trösten mich auch keine Spikes in den Reifen. Kurzum: Ich kaufte mir einen Busfahrschein. Die Busfahrer sind Profis. Sie geben erst auf, wenn die Verkehrspolizei die Straßen aus Witterungsgründen sperrt. Die Oberin aus Marx war gestern auch mit dem Bus unterwegs. Weil es keine Plätze mehr gab, saß sie vorn neben dem Fahrer. Und der sagte ihr, dass abends die Landstraßen gesperrt sein werden. Sie rief mich an und ich eilte zum Busbahnhof, um meinen Fahrschein für einen früheren Bus zu tauschen. Das hieß: Schlange stehen und hoffen. Am Samstag fahren alle nach Hause. In den ersten Bus um 15.45 Uhr kam ich nicht mehr hinein. Auch der zweite und der dritte waren überfüllt. Die Menschentraube vor den Bustüren gab erst auf, als sich die Busse in Bewegung setzten. Eine freundliche Verkäuferin an der Kasse gab mir dann einen Tipp: „Kommen Sie zwanzig nach fünf noch einmal zu mir, dann finde ich etwas für Sie." Und sie fand einen Platz im Bus um halb sieben.

Die vor Abfahrt verbliebene Zeit verbrachte ich im gegenüberliegenden Bahnhof. Dort gibt es ein paar Sitzplätze im großen Wartesaal. Vorbei an den Kiosken mit chinesischem

Spielzeug und Polizeikontrollen, die sich ihre Ansprechpartner nach optischen Gesichtspunkten auswählen, stieg ich nach oben. Die Leute, die hier auf den Zug warten, sind gerüstet für tagelange Bahnfahrten. Allein nach Moskau braucht man 16 Stunden, ganz abgesehen von den Zügen nach Sibirien und Kasachstan. Sie sind einfacher gekleidet als die, denen ich gewöhnlich auf den Flughäfen begegne. Auf der Suche nach einem freien Platz fand ich auch die ersten Obdachlosen, die sich nun im Winter hier einquartieren, solange sie keiner fortjagt. Der letzte Winter war so kalt, dass es einen landesweiten Befehl gab, Obdachlose nicht aus den Bahnhöfen zu vertreiben. Damals sah ich hier, wie drei dick eingewickelte Erwachsene aneinanderstehend schliefen. Ich wartete auf meinen Bus. Rechts neben mir nahmen eine Frau und deren Mutter Platz. Ein junger Mann kam dazu, begann an seinem Handy zu spielen und riss dann einer von den beiden das dünne Brillengestell von der Nase. Durch die Gläser in Richtung Anzeigetafel blinzelnd sagte er zu den beiden gewandt: „Unser Zug fährt von Gleis eins." Links neben mir packten drei Männer in Arbeitskleidung aus, was die Frauen zu Hause mit auf den Weg gegeben hatten. Das Huhn ist doch wohl an Hunger eingegangen, dachte ich, als ich die Knochen zwischen den Zähnen meines Nachbarn knacken hörte. Eine Verkäuferin mit Eiswaffeln machte die Runde im kalten Wartesaal. Und irgendwann war es Zeit, nach dem Bus zu schauen.

Eine beträchtliche Verspätung gab es dann noch wegen einiger angetrunkener Jugendlicher, die in den Bus nach Marx eingestiegen waren. Vergeblich mühte sich die Schaffnerin, wenigstens die bereits geöffneten Flaschen der jungen Leute nach draußen zu befördern. Glücklicherweise schliefen die Halbstarken hinten im finsteren, engen und warmen

Bus schon nach einer halben Stunde ein. Der Fahrer wusste, wo die drei aussteigen mussten. Mit väterlicher Geduld versuchte er hartnäckig, sie wachzurütteln. Als es ihm endlich gelungen war, verließen sie unter Gelächter aller Fahrgäste den Bus.

Abends gegen halb acht klingelte ich am Kloster in Marx. Am Computer saß eine Schwester. Sie fragte mich durch einen Fingerzeig, ob ich an den Schreibtisch wolle. Schnell erfuhr ich von den anderen, dass sie morgens beim Zahnarzt gewesen war und der ihr beim Ziehen eine 1 Euro große Wunde mitten in die Zunge gerissen hatte. Bis zum Abend hörte die nicht auf zu bluten. In ihrer Bescheidenheit hatte die Schwester keinen teuren Zahnarzt aufgesucht. Er meinte am Telefon: „Wenn es bis morgen früh nicht besser wird, kommen sie noch einmal her." Nun war die arme Schwester schon blass und zum Umfallen müde. Pater Tomasz willigte ein und fuhr sie nachts über 60 spiegelglatte Kilometer nach Saratow. Dort wurde sie von einem Notarzt gut behandelt.

Heute früh waren die beiden wieder da. Der Bischofsbesuch begann planmäßig mit dem Frühstück beim Pfarrer. Die nächtliche Tour ließ er sich nicht anmerken. Wir sprachen über die früheren Christkönigsfeste, als ich noch Pfarrer in Marx war, über die derzeitige Jugendarbeit und über die Gemeinde im Allgemeinen, dann über die heutige Liturgie. Vier Kandidaten seien es zur Firmung, drei Jugendliche und ein Offizier der russischen Armee im Ruhestand.

Die Kirche war voll, wie es sich für ein solches Fest gehört. Nach Stepnoje hatte der Pfarrer einen Bus geschickt, damit auch unsere Ärmsten die Möglichkeit hatten, dabei zu sein. Für die Predigt brauchte ich keinen Zettel. Viele alte Gesichter sah ich seit langer Zeit einmal wieder. Das, was in den Gesichtern zu lesen war, sagte mir deutlich, dass es nicht leichter geworden war, immer noch ohne Arbeit, ohne Geld für das Nötigste, ohne Gesundheit und Medizin, ohne die Familie von einst. Auch die Augen der Kinder ließen verstehen, dass vieles fehlt, was anderswo selbstverständlich ist. Und trotzdem: Es war ein frohes Christkönigsfest. Kinder und Jugendliche führten nach der Messe ihre eingeübten Theaterstücke auf. Auch Jugendliche aus dem Marxer städtischen Internat waren gekommen und brachten sich ein. Seit ungefähr einem halben Jahr hält die Gemeinde Verbindung in jenes Internat voller Kinder, deren Eltern die Erziehungsrechte entzogen wurden. Tee und Kuchen von Zuhause bildeten den Abschluss des gemeinsamen Festes.

Ein schwer zu übertreffendes Mittagessen aus der Klosterküche folgte. Danach viele Einzelgespräche mit verschiedenen Leuten aus der Stadt. Nicht bei allen Problemen konnte ich helfen. Aber wie so oft zeigte sich hier wieder einfach und deutlich, wie wichtig die Zeit ist, die man anderen schenken kann. Deren Dankbarkeit machte mich beschämt. Die verletzte Schwester kann inzwischen wieder vorsichtig ein paar Worte über die genähte Zunge sprechen. Draußen gab es keinen neuen Niederschlag, sodass morgen früh die Straßen frei sein müssten und ich nach der Frühmesse mit dem Pfarrer von Marx zu mir nach Saratow, „zur Arbeit", fahren kann.

Saratow, 9. Oktober 2007

Als Leiter eines Büros weiß ich aus persönlicher Erfahrung, was dahintersteckt, wenn man schon wieder über Personalmangel jammern möchte. Wenn der Generalvikar 1.520 Kilometer entfernt wohnt und der ganze Mitarbeiterstab des bischöflichen Ordinariats aus einer einzigen jungen russischen Ordensschwester besteht, die kürzlich im Urlaub, dann zur Weiterbildung und dann zu Exerzitien war, und wenn ich selbst drei bis sechs Tage pro Woche in Gemeinden unterwegs bin, dann kann man sich vorstellen, dass manche Anrufer ungehalten reagieren, weil hier keiner abnimmt. „Da muss man doch etwas machen!", klingt es ärgerlich und ungeduldig am anderen Ende.

Aber ich habe andere Gründe, die mich zum Schreiben bewegen, gute Gründe. Wenn ich heute, mehr als neun Jahre nach meiner Bischofsweihe, den „guten alten Zeiten" nachtrauere, in denen ich Pfarrer sein durfte, hat das seinen Grund in der Nähe zu konkreten Menschen mit ihren Schicksalen. Doch darf und will ich nicht undankbar sein. Auch heute weiß der Herr, was ich zum Leben brauche. Wenn ich Reisen, Veranstaltungen, Begegnungen, eingehende Post ... als seinen Fingerzeig verstehe, dann kann ich häufig sehen, wie er still und doch kräftig am Werk ist.

Ende August, am Ende der Sommerferien in Russland, waren 160 Jugendliche aus unserem Bistum zu einem Jugendtreffen ans Asowsche Meer eingeladen, Thema „Familie". Bei bis zu 40°C im Schatten war es nicht einfach, die geplanten Vorträge zu halten und Arbeitsgruppen durchzuführen. Die Tage blieben dank eines guten Teams aus Seelsorgern, Ärzten und jungen Familien spannend bis zum Schluss. Was mich aber am meisten freute, war eine kleine Erfahrung am Rande. Ist und bleibt doch Christus das Ziel all unserer Bemühungen, auch in der Jugendseelsorge. Eines Morgens kam ich eine halbe Stunde vor dem allgemeinen Morgengebet in die provisorisch hergerichtete Kapelle. Ich war bei

Weitem nicht der Erste! Da saßen und knieten Jugendliche und beteten still. Für mich war das einer der Höhepunkte jener Tage.

Die Geschichte mit den Gummistiefeln ist auch zu einem Zeichen der Güte Gottes geworden. Ich hatte manchen Freunden nach meinem Besuch im baschkirischen Alexejewka von zwei heranwachsenden Mädchen geschrieben, die täglich barfuß in abgeschnittenen Gummistiefeln 7 Kilometer zur Schule ins Nachbardorf laufen mussten. Schotter und Staub verwandeln sich bei Regen in eine rutschige Schlammpiste. Der erste Schnee steht dieser Tage unmittelbar vor der Tür. Insgesamt 3.000 Euro als Hilfe für Schulkinder waren das Echo auf jenen kleinen Bericht. Schuhe für die beiden sind schon gekauft. Wir warten noch ein bis zwei Wochen, dann kommt hier die Winterbekleidung auf die Märkte, mit der wir vielen Schulkindern helfen können.

Eine tiefe Freude anderer Art erlebte ich vor 10 Tagen im Kaukasus, wo junge Ordensschwestern im letzten Jahr eine Niederlassung in einem armen Dorf gegründet hatten und ich jetzt die Hauskapelle weihen durfte. Wie oft erleben wir, dass nur die Alten und Schwachen und die Alkoholiker in den Dörfern zurückbleiben. 1.500 Dörfer sind in den vergangenen 10 Jahren gänzlich von der Landkarte Russlands verschwunden. Die Schwestern haben sehr bewusst in die vielfältigen Unsicherheiten dieser Gründung eingewilligt, um eben dort mit Christus zu sein.

Nicht der Rede wert scheint eine einfache Begegnung mit zwei jungen Müttern in Marx, wo ich fast 10 Jahre lebte und Pfarrer war. Ich hatte die beiden jahrelang nicht gesehen, kannte sie als zehnjährige Schulkinder, die sich auf Taufe und Erstkommunion vorbereiteten, während den Eltern das alles mehr als egal war. Die beiden standen mit ihren Kindern an der Klostertür der Schwestern in Marx, weil sie Hilfe brauchten, die eine für ihr Mädchen im Kinderwagen, die andere für die beiden Jungs und für sich selbst. Sie ist schwer herzkrank und verdient kein Geld. Eine Sozialversicherung gibt es bei uns nicht. Ich kam zufällig hinzu und staunte nicht schlecht, als ich hörte, wie alt beide schon seien. Einst hatte ich sie aus den Augen verloren, hatten sie doch niemanden zu Hause, der ihnen half, als sie langsam Jugendliche wurden. Nun sind sie wieder da, nicht um zu betteln, sondern weil sie sich für das Fundament entschieden haben, das zur Zeit des Zusammenbruchs der Sowjetunion in den haltlosen Boden gelegt wurde.

Am vergangenen Sonntag in Togliatti, was 370 Kilometer wolgaaufwärts liegt, begegnete ich nicht nur unserer katholischen Pfarrgemeinde und ihren Seelsorgern, sondern auch dem Dekan der orthodoxen Stadtgemeinden, Pater Nikolaij. Seine große Gestalt beeindruckt äußerlich, seine Freundschaft seit vielen Jahren überzeugt innerlich. Aus seinen Worten spricht geistliches Leben.

Sicher hätte ich ebenso gut über die aktuellen Probleme der katholischen Kirche in Russland berichten können. Aber wozu? Es ist verwunderlich, dass viele nicht müde werden, unbedingt über Probleme und Konflikte zu berichten. Das Gute scheint eben keine „Marktlücke" zu sein. Das ist insofern auch richtig, weil es nicht auf den Markt gehört, sondern nach Hause.

Morgen werde ich verreisen, diesmal in fünf Gemeinden im Süden meines Bistums, über 1.000 Kilometer von Saratow entfernt. Das Packen der Tasche geht manchmal nicht leicht von der Hand, wenn doch auch im Büro genug dringende Arbeit liegt. Mit ziemlicher Sicherheit kann ich aber schon heute sagen, dass das morgen vergessen sein wird.

Saratow, Osteroktav 2008

Es tut mir leid, und wahrscheinlich noch genauer gesagt, es beschämt mich, dass ich nicht alle kenne, die meinem Bistum und mir so wohlgesonnen sind, wie ich es manchmal sehr unerwartet erleben darf. Allen möchte ich danken.

Zum zehnten Mal weihte ich die drei heiligen Öle – am Montag in der Karwoche mit den Priestern der Süddekanate des Bistums und am Dienstag mit denen aus dem nördlichen Teil. Hier und da waren je 18 Priester zusammengekommen. Wir nutzten die Begegnungen dann auch zum aktuellen Erfahrungsaustauch. „Thema und Sorge Nr. 1" sind immer noch die für uns unerwarteten Änderungen russischer Visabestimmungen, denen zufolge Jahresvisa nur noch für 90 Tage pro Halbjahr benutzt werden dürfen. Im Klartext heißt das für die Pfarrer und Kapläne, aber auch für die meisten unserer Ordensschwestern im Bistum: drei Monate hier sein – drei Monate draußen. Es gibt die Möglichkeit, eine ständige Aufenthaltsgenehmigung zu erwerben, aber das ist sehr schwer und mancherorts unmöglich. Unmöglich, weil Ausländer in Krisengebieten nicht gern gesehen sind, anderenorts, weil die örtlichen Behörden das neue Gesetz selbst nicht ganz verstehen oder in Bezug auf Kirche eigenmächtig zu eng auslegen usw. Das fordert einen enormen Zeit- und Nervenaufwand, viel Papier und manchmal einen nahezu bodenlosen Optimismus. Der heilige Franz von Sales würde es einfach Demut nennen.

Es war schon eine ganze Zeit her, dass ich mich mit den Seelsorgern getroffen hatte. Für mich selber war es eine wirkliche Freude, sie wiederzusehen, schon eine Art Einläuten der drei großen österlichen Tage. Der Gesundheitszustand eines Priesters und die sichtbare Müdigkeit so mancher haben mich besorgt gemacht.

Wie immer waren meine Seminaristen aus dem Priesterseminar in Sankt Petersburg gekommen, um die Heilige Woche mit ihrem Bischof zu feiern. Parallel hatte ich junge Leute aus dem Bistum eingeladen, um über Berufung zum priesterlichen Dienst nachzudenken. Zwei waren gekommen. Für manchen vielleicht interessant zu hören, woher die beiden kamen: Der eine aus Alexejewka, dem weit, weit abgelegenen katholischen Dorf, das wir einst „gefunden" hatten, nachdem 63 Jahre lang kein Priester mehr dort gewesen war. Der andere kam aus Vladikavkas, also aus der Pfarrei, zu der auch Beslan gehört, dessen „Schule Nr. 1" am 3. September 2004 durch den hundertfachen Kindermord so traurig berühmt geworden war. Es war gut, dass die beiden dieser Tage hier waren. Sie haben sich vor ihrer Heimreise mehrfach und sehr aufrichtig bedankt. Rodion aus Alexejewka brauchte 18 Stunden mit dem Zug, bevor er vom Pfarrer die letzten 100 km mit dem Auto in sein Dorf gebracht wurde. Zum Glück sind in seiner Schule gerade Frühjahrsferien. Albert ist zwei Tage mit dem Zug unterwegs nach Hause. Er muss dreimal umsteigen. Morgen Abend wird er in Vladikavkas ankommen. Übermorgen früh geht er wieder zur Uni. Abends arbeitet er bis Mitternacht als Kellner, um sein Studium bezahlen zu können und seiner alleinstehenden Mutter und seinem Brüderchen ein wenig zu helfen.

Es war gut, dass die beiden Jugendlichen unseren vier Seminaristen begegnet sind. Das war mehr wert als alles Erzählen und Erklären: Vier verschiedene junge Männer von hier, aus Südrussland, die Priester werden möchten …!

Während wir die Heilige Woche mit allen bis zur Feier der Osternacht in Saratow verbrachten, war für Sonntagfrüh ein

Ausflug in die nahe liegende Pfarrgemeinde nach Marx geplant. Noch vor dem Aufstehen kam am Sonntagmorgen der erste „Fröhliche Ostern!"-Anruf, und zwar von einer der Omas aus den Marxer Nachbardörfern. Einst war ich der Pfarrer für ihr Dorf und habe eine Gruppe älterer Leute auf den Empfang der Sakramente vorbereitet. Seitdem die Enkelkinder ihre Omas mit Handys ausgestattet haben, rufen sie von Zeit zu Zeit an. Sie haben und geben das Gefühl, dass man zu einer Familie gehört, erkundigen sich nach dem Wohlbefinden und der Arbeit, grüßen fröhlich im Namen aller und legen wieder auf. Als wir eines Tages vor einer sehr feierlichen Messe in der Kirche darauf hinwiesen, dass doch alle Handys ausgeschaltet sein mögen, gingen jene Omas an ihre Handtaschen, zogen Plastiktüten heraus, falteten das darin liegende Taschentuch nach allen vier Seiten auseinander und fragten die Nachbarn, wie man so ein Telefon ausschalte …

Jetzt möchte ich noch von zwei zufälligen Begegnungen am Tag zuvor erzählen: Als ich am Karsamstag vormittags mit den Seminaristen zur Kirche kam, um die Liturgie der Osternacht vor Ort zu besprechen, war die Kirche noch zugeschlossen und eine junge Frau, Mitte 30, ging gerade weg. Sie hatte die Gottesdienstzeiten am Aushang gelesen. Nach 10 Metern drehte sie sich um, und als sie sah, dass wir beim Pfarrer klingelten, kam sie zurück und fragte, wie lange die Osternacht denn dauere. Sie wohne 25 km vom Stadtrand entfernt. (Bis zum Stadtrand sind es auch 20 km.) Da gibt es nachts keinen Bus mehr. „Warten Sie mal! Wir fragen den Pfarrer. Vielleicht wohnt dort draußen jemand von unseren Leuten, der sie mitnehmen kann", schlug ich ihr vor. Das war der Anfang vom Gespräch. Sie war gekommen, weil es Zeit wäre, nun endlich zu glauben und zur Kirche zu gehen. „Wir sind hier die *katho-*

lische Kirche", erklärte ich vorsichtig, um keine Missverständnisse aufkommen zu lassen. „Ich weiß", war die Antwort. „Mein Vater war deutsch, und meine Mutter stammt aus der Ukraine. Sie wohnt in Milliarator." Der Ortsname weckte Erinnerungen in mir: „Anfang der 90er sind wir zweimal im Monat dorthin gefahren. Da waren viele Deutsche, … 35 km von Marx entfernt." Das wiederum ließ die junge Frau aufhorchen. „Wie ist denn Ihr Name, Pater?" – „Pater Clemens!" – „Meine Mutter hat manchmal von Ihnen erzählt! Ich möchte mit meinen beiden Töchtern kommen und uns taufen lassen." – „Das geht nicht so schnell. Wir machen lange Vorbereitungskurse, damit die Leute verstehen, worauf sie sich einlassen." – „Ich weiß. An etwas anderes habe ich auch nicht gedacht …" Ich könnte das weitere Gespräch noch in vielen Einzelheiten wiedergeben. Schließlich vereinbarten wir, dass Schwester Irina die Katechese übernehmen und den Zeitplan mit der jungen Frau abstimmen wird, die übrigens auch Irina heißt. Ich habe später gehört, dass sich die beiden am Ostersonntag nach der Messe schon das erste Mal getroffen haben.

Eine zweite, ebenso ungeplante Begegnung löste im ersten Augenblick mehr Schmerz als Freude aus. Erst später verstand ich den möglichen Hintergrund der Situation. Direkt nach der höchst feierlichen Osternacht in der gut gefüllten Kathedrale stand ich im Vorraum der Kirche und unterhielt mich mit den Herauskommenden. Eins unserer sehr armen Ehepaare in Saratow kam mit seinem kleinen, schwer kranken Sohn auf dem Arm der Mutter aus der Kirche und begrüßte mich. Ich glaube, die beiden haben sich vor etwa drei Jahren taufen lassen. Selber also noch nicht lange zur Kirche gehörend, hatten sie Gäste mitgebracht. Ein ungefähr elfjähriges Mädchen stand neben ihnen. Ihr hatte es sehr in der Kirche gefallen. „Ich komme wieder", war das Erste, was sie mir unbefangen sagte. Während die Vorbeigehenden, wie hier zu Ostern üblich, mit „Christus ist auferstanden!" grüßten, trat plötzlich die Mutter des Mädchens heran, reichte mir die Hand über den Kopf der Tochter hinweg und sagte mit strenger Stimme: „Guten Abend. Ich war heute das erste Mal hier." Sie fühlte sich unwohl. Das sah ich gut. Und als sie ihre Freunde aufforderten, ihre Eindrücke zu beschreiben, sie sich aber innerlich zu wehren schien, wollte ich ihr vor dem ersten Wort helfen, das Erlebte erst einmal in Ruhe zu verarbeiten. Aber das arme Ehepaar gab nicht nach: „Sag schon!" Und sie begann: „Für mich war das ganze ein Theater." Sie ließ dann alles heraus, was sich in den letzten zwei Stunden in ihr angestaut hatte. Jeden Antwortversuch brach sie nach zwei bis drei Worten mit neuen, trockenen Emotionen ab. „Theater. Und den Leute gefällt's! Das habe ich in ihren Augen gesehen. Ich wundere mich. Nein, das ist nicht unsere Kirche. Sie sind nicht von hier. Sie sprechen so anders. Warum sind Sie überhaupt hier? Die Leute waren wirklich froh, und entspannt. Das gibt es bei uns natürlich nicht. Wie machen Sie das? Nein. Das ist nicht richtig …" Ganz zum Schluss ließ sie mir ein wenig Zeit zum Sprechen. Alle Leute um uns herum hatten sich inzwischen entfernt oder waren schon nach Hause gegangen. Es war doch (Oster-)Nacht! Die junge Frau hatte mich, für die Situation ungewöhnlich, kein einziges Mal beschimpft und verabschiedete sich dann mit ihrer Tochter an der Hand formell höflich auf Nimmerwiedersehen. Mir hatte sich jeder Satz ungewollt tief eingeprägt. Ich war müde und, ehrlich gesagt, traurig. Erst während des Abendbrots mit meinen Gästen, die schon gewartet hatten, und später, vor dem Schlafengehen, begann ich zu verstehen, dass die Frau mit sich selbst gekämpft hatte. Unser Pfarrer, der auch zum „österlichen Nachtmahl" kam, nachdem er die

Kirche zugeschlossen hatte, erzählte von einer Frau mit Tochter, die als Letzte aus der Kirche ging und vor sich her murmelte „Unglaublich, unglaublich!" Er fragte zurück: „... dass Christus auferstanden ist?" – „Nein", sagte sie sehr ruhig. „Wie hier mit Menschen umgegangen wird ..."

Saratow, 18.11.2008

„Du hast ja einen langen Tag heute. Ich wünsche Dir viel Kraft und dann gute Nacht." – Die SMS meiner Mutter erreichte mich auf dem Saratower Bahnhofsvorplatz, als ich auf dem fast glattgefrorenen Asphalt an zwei Verkehrspolizisten in ihren leuchtend gelben Schürzen vorbeiging. Es waren noch ca. 20 Minuten bis zur Abfahrt „meines" Zuges, mit dem nicht ich, sondern ein dringender Brief mitfahren sollte.

Die Vorgeschichte begann heute morgen, als ich unter den vielen E-Mails im Büro-Computer die dringende Bitte eines Juristen fand, der bis übermorgen früh eine Bescheinigung von mir brauchte, um einer unserer ganz kleinen Pfarrgemeinden im Süden weiterzuhelfen. Die Bescheinigung konnte ich innerhalb weniger Minuten schreiben. Wie aber sollte sie mit Unterschrift und Stempel so schnell in die Hände jenes guten Mannes kommen? Die Post geht 8-10 Tage. Express 3 Tage, mindestens. Jemandem mitgeben? Wem? Oder jemanden mit dem Auto schicken? 1.200 km ...?! Ich bat die Ordensschwestern, die mir bei der Arbeit helfen, die nächste Zugverbindung herauszusuchen. Fünf Minuten später, ich hatte inzwischen schon ein paar andere Briefe gelesen, kam Schwester Irina und erinnerte mich an die Sache: „Es gibt nur einen Zug am Tag, der fährt heute Abend um 23.40 Uhr und kommt morgen um 23.28 Uhr in Krasnodar an." – „Also noch pünktlich", erwiderte ich. – „Die nehmen aber keine Briefe mehr mit", erklärte die Schwester. Sie weiß es. Haben wir doch öfters etwas mitzugeben. Das Personal der Züge in Richtung Kaukasus scheint streng instruiert zu sein oder wirklich ängstlich, weil das Gespenst des Terrorismus da unten umgeht. Ich ließ den Zettel mit der Abfahrtszeit auf meinem Tisch liegen und machte mir einen Vermerk mit Erinnerungston im Handy, damit ich abends an den „Brief" denke.

Der Tag war ein gewöhnlicher Arbeitstag im Büro. Viel Schriftliches, ungewöhnlich viele Anrufe, kaum Gäste. Beim schnellen Mittagessen, allein in meiner Küche, hörte ich Regionalnachrichten. Ein Mann hatte gestern im Zug hier in Saratow eine halbe Million Rubel vergessen. (Das sind EUR 14.500,–.) Die Schaffnerin hatte es gefunden und bei der Polizei abgegeben. Den Mann hat man dann auch gefunden, in einem – wie nennt man das? – „Ausnüchterungsgewahrsam". Er hatte sich im Zug so sehr betrunken, dass er den Verlust seines Vermögens, mit dem er eine Wohnung kaufen wollte, noch gar nicht bemerkt hatte. Das fiel mir abends am Zug wieder ein.

Per SMS fragte ich unseren Ortspfarrer, der mich gerade als Generalvikar im 990 km entfernten Asow vertrat, wie viel er gewöhnlich den Schaffnern gäbe, damit sie einen Brief mitnähmen. 100 Rubel, antwortet er. Das war vertretbar. Ich legte zum offenen Umschlag noch einen unserer Taschenkalender für nächstes Jahr dazu. Kleine christliche Geschenke lehnt hier selten jemand ab, wenn nicht aus Frömmigkeit, dann aus abergläubischer Angst, die Verweigerung des Geschenks könnte einem „der da oben" übel nehmen.

Zur Abendmesse war ich beim Kaplan in der Kathedrale. Er hatte nicht damit gerechnet, dass ich komme. Auf die Frage, ob er predigte, lehnte er fröhlich ab. Das wollte er doch mir überlassen. Ich kenne ihn, seit er als Zehnjähriger in Marx zum Religionsunterricht kam, wo ich Pfarrer war. Er hatte nicht aus Faulheit abgelehnt. Ich wollte ihm nichts wegnehmen und nahm ebenso fröhlich an. Die Texte aus der Offenbarung und dem Lukasevangelium waren sehr schön.

Abends setzte ich mich wieder ins Büro und begann am Brief für meine Priester, Ordensleute und Pfarrgemeinden zu basteln, den ich zum 1. Adventssonntag verschicken will. Eigentlich habe ich den Vorsatz, nach der Abendmesse nicht mehr an den Schreibtisch zu gehen. Heute war eine Ausnahme, wegen des Zuges. Ich wollte besser nicht ans Schlafen denken.

Beinahe hätte ich dann auch noch den Zug verpasst. Das Schreiben des Adventsbriefes ging leicht von der Hand. Ich schaute selten auf die Uhr. Advent ist etwas ganz besonders in unserem Leben mit Gott.

Zehn nach elf ging ich aus dem Haus, in dem ich wohne und arbeite. Abends ist der Hof immer dicht vollgequetscht mit Autos. Wer hier noch kein Auto hatte, hat sich jetzt eins gekauft. Die Leute haben Angst, dass das Geld verfällt. Die Krise des bösen Westens wirft ihre Schatten aufs Land. Auf den Straßen war es schon ruhig. Innerhalb von 10 Minuten war ich mit meinem Brief am Bahnhof, fand sofort einen Parkplatz, stieg aus und bekam die oben genannte SMS.

Der Zug, den ich brauchte, steht 40 Minuten in Saratow. Auf der Anzeigetafel im Bahnhofsgebäude sah ich, dass er pünktlich gekommen war. Die Fahrgäste, die hier einsteigen wollten, mussten alle schon untergebracht sein. An den warmen Plätzen im Bahnhof, wo im Winter Obdachlose stehend schlafen, lagen vorläufig nur Straßenhunde. Ich schritt in Richtung Tunnel zu den Gleisen. Ein Stoßgebet, dann war ich auch schon am fast dunklen Bahnsteig. Wo anfangen? Der 100 Meter lange Zug hat in jedem Wagen einen Schaffner, zwei sogar, denn der Zug fährt von Sibirien ans Schwarze Meer. Er ist fast fünf Tage unterwegs. Personalwechsel gibt's hier nicht. Drei Tage haben die Leute schon hinter sich.

Gewöhnlich stehen die Schaffner vor ihrer offenen Wagentür. Da stehen aber auch andere, die zum Rauchen oder Beine-Vertreten ausgestiegen sind. In Gegenwart anderer zu bitten, hat keinen Sinn. Ich lief von Wagon zu Wagon. Da erkannte ich drei Polizisten am Bahnsteig. „Also weiter", dachte ich. Im Vorbeigehen bemerkte ich, dass zwischen den Polizisten und einer offenen Wagentüre ein Haufen Lumpen oder etwas ähnliches lag. Dann endlich fand ich eine Schaffnerin, die ich bat, meinen Brief mitzunehmen. „Nein", war die Antwort. Lächelnd und als ob das 100%ig klar sein müsste, fügte sie nichts hinzu und verschwand in ihrem Wagen. Ich rief ihr nach, wo denn der Zugchef sei? „Wagen 10", rief sie zurück. Es blieben noch 7 Minuten bis zur Abfahrt. Ich also wieder zurück. Nun schaute ich nochmals auf das Bündel auf dem Boden neben den Polizisten. Es war ein Toter, den man wohl aus dem Zug gelegt hatte. Nur die Füße schauten unter der feuchten dunklen Decke hervor. Niemand dabei, also war er (oder sie) allein gereist. Armer Mensch! Auch fiel mir der Betrunkene wieder ein, der nur sein Geld im Zug verloren hatte.

Es war wenig Zeit. Am Wagen 10 stand eine Frau im Dienstmantel, die mir zwar sofort erklärte, dass sie nicht die Zugchefin sei, aber sich trotzdem erkundigte, was ich denn wolle. Dann nahm sie mich mit in den Wagon. „Kommen

Sie, kommen Sie!" Dann endlich wurde ich mein Anliegen und den Umschlag los. Natürlich wurde der Brief auf seinen Inhalt geprüft. Danach durfte ich ihn zukleben. „Wohin? An wen? Und wer sind sie?" Ich hätte den Brief im Handumdrehen wieder zurückbekommen, wenn ich gesagt hätte, dass ich Bischof sei. Man lässt sich doch nicht in nüchternem Zustand von einem Ausländer kurz vor Mitternacht veralbern. „Ich bin ein Priester, hier aus der Stadt", sagte ich und reichte gleich dazu den Kalender. Er löste ein ehrlich dankbares Lächeln aus. Ich fragte beim Verlassen des Abteils nochmal nach der Ankunftszeit: „Also morgen Abend 23.28 Uhr?" – „Ja." – „Danke. Wiedersehen!"

Taxifahrer vor dem Bahnhof setzten zu ihren Sprüchen an, wie „Billig", „Jetzt fährt kein Bus mehr", „Wohin wollen Sie?" Ich hielt meinen Autoschlüssel leicht sichtbar in der Hand. Das ersparte das Antworten.

Die Heimfahrt ging noch schneller als hin zum Bahnhof. Meine Parklücke im Hof war noch frei. Nun bin ich noch einmal kurz ins Büro gekommen, um das hier aufzuschreiben. Alles nichts Besonderes, wenn man schon 18 Jahre hier wohnt! Krümelchen eines Tages, nämlich des 18. November 2008. Langweilig ist es aber deshalb noch nicht geworden.

BENNO PICKEL:
ZARIN KATHARINA UND DIE WOLGADEUTSCHEN

Zarin Katharina II. war selbst Deutsche. Im Juli 1763 hatte sie ihr Land bereist und festgestellt, dass es große, brachliegende Landstriche gab. Da ihr die Deutschen, vor allem die Schwaben und Pfälzer, als besonders arbeitsam und ordentlich bekannt waren, versuchte sie, sie in ihrem Reich anzusiedeln. Dazu verfasste sie folgenden Erlass:

1. Verstatten Wir allen Ausländern, in Unser Reich zu kommen, um sich in allen Gouvernements, wo es einem jeden gefällig, niederzulassen.

2. Dergleichen Fremde können sich nach ihrer Ankunft nicht nur in Unserer Residenz bey der zu solchem Ende für die Ausländer besonders errichteten Tutel-Canzelley, sondern auch in den anderweitigen Gränz-Städten Unseres Reiches nach eines jeden Bequemlichkeit bey den vornehmsten Stadt-Befehlhabern melden.

3. Da unter denen sich in Rußland niederzulassen Verlangen tragenden Ausländern sich auch solche finden würden, die nicht Vermögen genug zur Bestreitung der erforderlichen Reisekosten besitzen, so können sich dergleichen bey Unseren Ministern und Residenzen an auswärtigen Höfen melden, welche sie nicht nur auf Unsere Kosten ohne Anstand nach Rußland schicken, sondern auch mit Reisegeld versehen sollen.

4. Sobald dergleichen Ausländer in Unserer Residenz angelangt und sich bey der Tutel-Canzelley oder auch in einer Gränz-Stadt gemeldet haben werden; so sollen dieselben gehalten seyn, ihren wahren Entschluß zu eröffnen, worin nämlich ihr eigentliches Verlangen bestehe, und ob sie sich unter die Kaufmannschaft oder unter Zünfte einschreiben

lassen und Bürger werden wollen, und zwar namentlich in welcher Stadt; oder ob sie Verlangen tragen, auf freyem und nutzbarem Grund und Boden in ganzen Colonien und Land-flecken zum Ackerbau oder zu allerley nützlichen Gewerben sich niederzulassen.

Zarin Katharina II. sicherte den Siedlern persönliche Frei-heit auf religiösem und schulischem Gebiet zu. Auch waren sie vom Militärdienst und für die Dauer von 30 Jahren von der Steuerpflicht entbunden. Es ist nicht verwunderlich, dass viele auf dieses verlockende Angebot eingingen. Bis 1918 entstanden ca. 3.000 geschlossene deutsche Siedlun-gen an der Wolga, im Schwarzmeergebiet, in St. Petersburg und im Kaukasus. Einige Familien gelangten zu sagenhaf-tem Reichtum. Familie Falz-Fein beispielsweise besaß 1914 700.000 Morgen Land und eine halbe Million Schafe. Damit war sie zu jener Zeit der größte Schafzüchter Europas.
Dieser Wohlstand rief Neid bei anderen hervor. Schon 1871 wurden die Privilegien der Deutschen aufgehoben und wäh-rend des Ersten Weltkrieges herrschte eine starke Russifizie-rungspolitik. Laut eines Dekretes vom 13.12.1915 sollte die West-Süd-Grenze Russlands „gesäubert" werden, um eine Verbrüderung der Siedler mit deutschen Truppen zu vermei-den. Durch russische Schlamperei und weil Deutsche höhe-re Verwaltungsposten innehatten, wurde die Ausführung des Dekrets verzögert und so der größte Teil der Deutschen gerettet.
Nach dem Krieg setzte sich der sogenannte Sowjetföderalis-mus immer stärker durch. In Moskau wurde ein Kommissa-riat für die Angelegenheiten der Wolgadeutschen eingerich-tet und am 19.10.1918 die Autonome Volkskommune der Wolgadeutschen ausgerufen. Am 6.1.1924 wurde dieses

Gebiet in die Autonome Sozialistische Sowjetrepublik der Wolgadeutschen umbenannt. Mitte der dreißiger Jahre gab es dort fünf Hochschulen, elf Fachschulen, zwei Theater und einen deutschen Verlag. Die Republik entwickelte sich wirtschaftlich und kulturell ausgezeichnet – bis zum Zweiten Weltkrieg. Der Ostfeldzug Hitlers war für die sowjetische Regierung Anlass, gegen die Deutschen im eigenen Land etwas zu unternehmen. Das Gerücht wurde verbreitet, dass es unter der deutschen Bevölkerung der Wolgarepublik Tausende von Spionen gäbe. Auf ein entsprechendes Signal sollten Sabotageakte durchgeführt werden. Da nicht genau herauszufinden war, wer die Spione im Einzelnen waren, musste die Sowjetregierung also gegen die gesamte Bevölkerung der Wolgarepublik vorgehen. Es war „unvermeidlich", all diese Menschen in andere Gebiete umzusiedeln. Vorgesehen waren dafür die Gebiete um Novosibirsk, Omsk, Altai und Kasachstan. Im Gegensatz zum Dekret von 1915 wurde dieser Beschluss sehr schnell umgesetzt.

Seit Mitte der 80er-Jahre, noch vor der Öffnung Russlands für den Westen, kehrten die Wolgadeutschen und deren Nachfahren in ihre ehemalige Heimat zurück. Sie ließen sich meist dort nieder, wo sie einen katholischen Priester oder Ordensschwestern, kirchliches Leben fanden. Bis 1995 jedoch sind fast alle im Wolgagebiet lebenden Russlanddeutschen in den Westen ausgereist. Ein autonomes Gebiet der Deutschen an der Wolga gab es nie wieder.

Eurasien

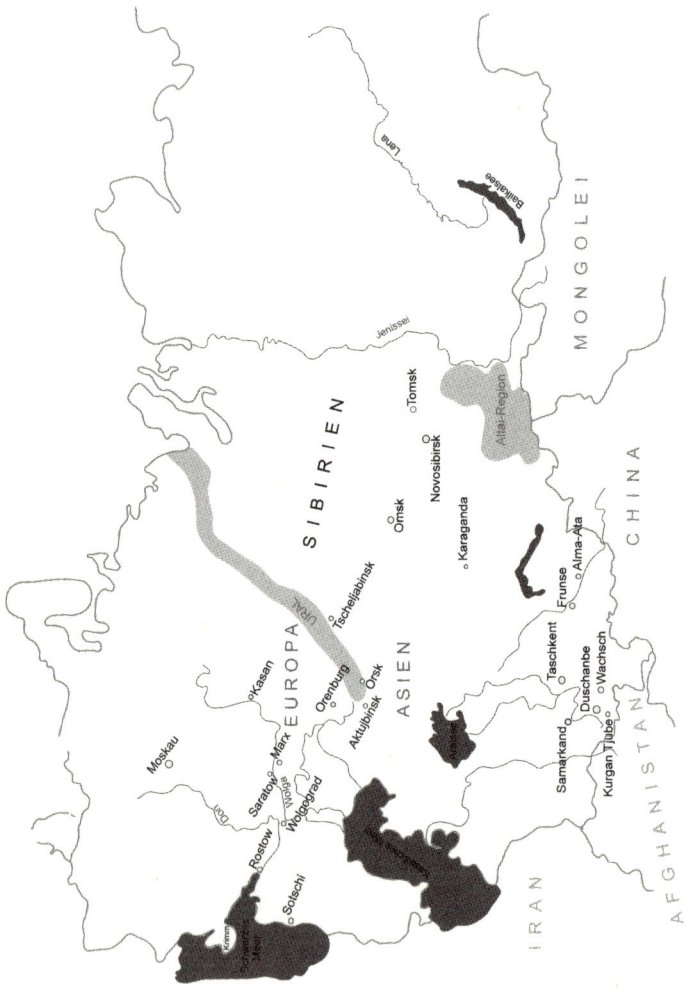

© Benno Pickel

Bistumskarte

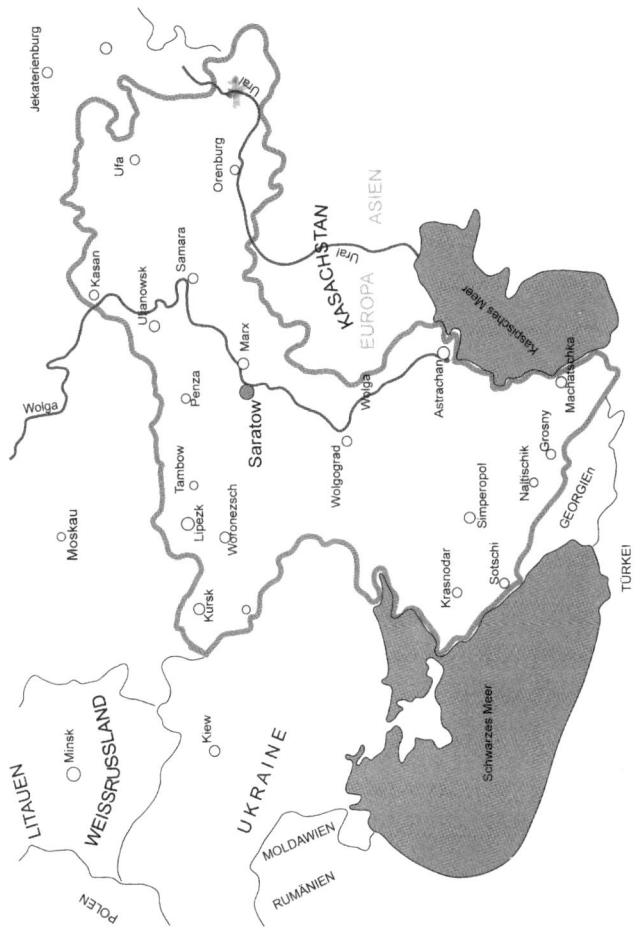

© Benno Pickel